養護学校では野球ができない

それが私の教師人生のスタートだった

久保田浩司　著

大学教育出版

養護学校では野球ができない
—それが私の教師人生のスタートだった—

目次

第一章　明暗

1

憧れ

日本列島は、東京オリンピック景気の反動から大きく景気が後退し、不況になっていた。当時の子どもたちの好きな物を並べた「巨人・大鵬・卵焼き」という言葉が流行したのも、この頃である。その子どもたちが憧れた巨人は、前年秋の日本シリーズを制覇して、前人未踏の九連覇へスタートを切っていた。

私はこの頃に、東京都八王子市で生まれた。当時の実家前で親父に抱かれた白黒の写真を見ると、我が家の周りは空き地ばかりで、これから土地を開拓して住宅の建設が進むのだと思われた。

親父の末男は、定年を迎えるまで食品を扱う工場現場のたたき上げである。後年管理職になってからは、食べ物を扱う会社であったため、お客さんが口にする物にトラブルがないように、常に気を使っていたという。特に深夜に稼働している工場のことはかなり気になり、普段から夜はなかなかなか熟睡できなかったようだ。

　母親の恵子も親父と同じ静岡県の富士市出身だったが、幼少の一時期は満州で暮らしていた。母親は当時を振り返りながら話した。

「私は一歩間違えていたら、中国残留孤児になっていたんだよ。戦争が終わっておじいちゃんが、私の兄と妹の三人をわしづかみに抱え、日本に帰る船にやっと乗り込んだことを強烈に覚えているよ」

　当時のことを、今は亡き祖父が孫の私に涙ながらに語っていたことも思い出す。祖父は、戦争によって引き裂かれようとした家族を決死の思いで守ってきた。その壮絶さは、平和な時代に育っている私に大きな教訓をもたらしている。そんな苦労をしてきた母親であったが、性格は天真爛漫であり、繊細な親父にいつも発破をかけていることが多かったようだ。これでちょうど夫婦のバランスもとれていたのだろう。

　そんな母親であったが躾《しつけ》はとても厳しかった。私は、幼い頃からの悪戯っ児《いたずらっこ》で悪いことばかりしていたようだ。私の幼少時のことを知る近所の人は母親に「あの、ひろし君が先生だもんね！」と笑顔で話すという。よほどの悪ガキだったのだろうか。数え上げたら切がないが、悪さをしたことが発覚すると、母親に頭やほっぺたをひっぱたかれ、ひどい時には箒《ほうき》で叩かれた。あまりの怖さに家の外に逃げ出したことも何度かある。そして、外の物置に閉じこめられて、反省する。やっと無罪放免になるのは、親父が会社から帰宅し、親父にことの顛末《てんまつ》を懺悔《ざんげ》するために家に入れてもらえる時だった。それでも私の悪戯は治まらず、何度も悪さを繰り返していた。

極めつけは、小学校の四年生頃だったたか、私は、家の近くにある松の木がそびえ立つ小山で、友達と当時流行っていたモデルガンで遊んでいた。私は、友だちを驚かせてやろうと考え、手にしたマッチに火をつけて、モデルガンに使用する火薬に近づけるという愚行を犯す。火は瞬時に火薬に引火してしまい、あっという間に小山の枯れ葉に飛び火した。その後も火の勢いは増すばかりで、あたり一面を燃やすという大騒動になってしまう。近所の人たちが消火のために大勢駆けつけ、バケツリレーを何度も繰り返した。そのバケツリレーの中には鬼のような形相で私をにらみつける母親の姿があった。やっと鎮火し、うなだれて帰宅した私を待っていたのは、史上最大の母親の怒りだった。その日は親父が帰宅しても物置から出してもらえず、深夜まで反省させられたことを鮮明に覚えている。しかし、今にして思えば、親の躾の厳しさは、私に社会でのルールを教え、精神的な強さを植え付ける基礎になったのだと思う。この時期に子どもにそれらのことを厳しく教えるのは親しかいないのだから。

私が野球を始めたきっかけは、親父とのキャッチボールだった。ただし、親父は食品工場に勤めている関係で休日に出勤することも多く、毎週末にキャッチボールをしてもらえるとは限らなかった。相手がいない時は、ひたすら近所の家の壁をめがけてボールを投げた。その家の壁は、通りの突き当たりにあり、適当な距離をとってボールを投げられたので、勝手に使わせてもらった。その壁にストライクゾーンと同じ大きさの○印を書き、そこをめがけて毎日ボールを投げる。あまりに多く投げてぶつけるものだから○印のあたりを中心に壁が少しずつ崩れ、ついに凹《くぼ》んでしまった。たぶん母親は私の知らないところで、その家に謝罪していたのだと思う。

野球が大好きだった私は、親父にプロ野球を観たいと懇願し続けていた。ある日、その願いが叶い、親父と一緒に後楽園球場に行くことになった。試合は伝統の巨人対阪神戦である。今の東京ドームの前身である後楽園球場には屋根がなかったので、試合開始当初から小雨が降り続く天気を心配しながらの観戦となったが、そんな私の不安を一掃したのが、王貞治のホームランだった。ピッチャーは阪神のエース江夏豊。江夏は、年間四〇一個の奪三振の世界記録やオールスターゲームでの九連続奪三振を達成した剛速球投手だったが、王はその江夏の投じた高めの速球を強振し、打球はライトスタンドの遙か上を越え、場外に消える特大のホームランを放った。私は、王のホームランを目の当たりにして驚愕《きょうがく》した。私の野球に対する情熱に本格的に火がついたのはこの瞬間だった。

結局、その後雨足が強くなり、試合は六回降雨コールドゲームで巨人が勝利したが、その日に見た王の豪快なホームランの印象が強烈であり、試合が最後まで見られなかった悔しさは、どこかに飛んでいってしまったのだ。

私は、王のホームランに刺激され、小学校三年の秋頃に地元の八王子リトルリーグの入団テストに挑戦した。リトルリーグは四年生からでないとテストの参加資格がなかったと思うが、何故か受けることができた。幸いにして合格することもでき、飛び上がって喜んだことを思い出す。一緒に受けた友達はみんな落ちてしまい、私だけ一足早くリトルリーグに入団することになった。当時、硬式野球のボールを使ったリトルリーグに入ることは、子どもたちの一番の憧れである。リトルリーグに入れなかった子どもは、軟式野球ボールを使った地域の少年野球チームに入り、野球があまりうまくなかった子がサッカーをやっていた。

初めて袖を通したリトルリーグのユニフォーム。全体がクリーム色で胸には赤に黒の刺繍で縁取りしたHACHIOJIのチーム名。袖とズボンの裾には赤と黒のライン。そのユニフォームを着たときのあの感激は、未だに忘れることができない。さらに、叔父さんが入団のお祝いにと買ってくれた硬式用のグローブのことも忘れられない。M社製のオレンジ色で当時子どもたちの憧れであったワールドウィンのカップ印が入ったグローブだった。大人用で少し大きめのグローブを手にした時、あまりにうれしくて一日中グローブを付けては眺めていた。そのグローブはとても大事にし、毎日油をつけて手入れを怠らず、リトルリーグを卒業する中学一年の秋まで使い続けた。

八王子リトルリーグの一番の思い出は、荒木大輔投手（早実高→ヤクルト）の剛速球を目の当たりにしたことだった。荒木のいる調布リトルリーグは当時世界選手権で優勝した強豪チームである。同じ世代とはいえ、大人と子どもが野球をやっているようで、レベルの違いを痛感していた。その後、調布シニアリーグを経て早実高での活躍は、多くの人が知るところであろう。

リトルリーグが終わると、迷わず八王子シニアリーグに入団した。そこで待ち受けていたのは鬼首脳陣三名による猛烈な「しごき」だった。とにかくひどい。練習時のノックでエラーをすると、すぐに呼ばれ強烈なケツバットをくらう。あまりの痛さにすぐに起きあがることができず、その場にうずくまってしまう。しかし、すぐに姿勢を正さないと、また怒られるから、痛みを堪えて立ち上がり「ありがとうございました！」と言う。何で痛い思いをしてお礼を言わなければならないのか？　当時はそんなことを考える間もなく、ただひたすらミスをしないようにと、そのことばかり考えて野球をした。それでも野球が大好きだったから、どんなに辛くてもやめるという考えはまったくなかった。

そんな鬼首脳陣であったが、野球に関する知識は豊富だった。バッティングや走塁の基礎、打球に応じた野手の動きや連係プレイを徹底的にたたき込んでもらった、私の野球の知識はこのシニアリーグの時に学んだことが大きかったと思う。あと、精神的な強さも身に付いた。首脳陣の指導方法は疑問であったが、少々のことで挫《くじ》けなくなったことは、易きに流れやすい中学時代には貴重な経験であったと思う。

高校は都立調布南高校に進学した。原辰徳の活躍で一世を風靡した東海大相模高や全国制覇を果たした桜美林高、名門日大三高などの強豪校に行きたいという気持ちも強かったが、百名以上も部員のいる学校では到底出番はないと考え、試合に出られて野球のがんばれそうな学校を受験した。

調布南高は、緩やかに流れる多摩川の土手を下り、右手に会社の経営するテニスコートを目にしながら、直線道路を三分ほど歩いたところにあった。当時は学校の隣りに大映の撮影所があり、お侍さんをはじめ様々な衣装を着た役者の姿を見ることができた。時々有名な俳優が来ると、何故か校内にも情報が伝わり、女子を中心に授業を抜け出して見学ツアーが開催されることもあった。

初めて高校のグラウンドを目にして驚いた。こんなに狭いグラウンドで練習をするのかと。ホームベースから右側、ライト方向はセカンドの後ろには膝《ひざ》ぐらいの高さのコンクリート塀があり、その塀の左端にある階段を登るとそのまま校舎につながっていた。左側、レフト方向は何とかレフトの定位置は確保できたが、その後ろに大きな問題があった。何とレフトの後ろに大きくそびえ立つ鉄塔が建っていたのだ。よく山や河川敷に大きな鉄塔があり、太く長い電線をつないでいるのを目にするが、それが堂々と校庭にそびえ立っている。これには驚いた。よくよく事情を聞くと、元々鉄塔があったところに後から学校を建てたので、簡単にはどかせないということだった。

この狭いグラウンドの半分はサッカー部が練習し、センターの右側には長方形のフェンスで囲まれたテニスコートがあったので、野球部はいつも内野しか使用することができなかった。時間を決めて、サッカー部がいなくなった時にバッティング練習が始まる。バットに当たった金属音に続き、しばらくすると外野の方向から「カーン」と別の金属音が聞こえてくる。打球が鉄塔に当たった音だ。跳ね返ったボールを追いかけ上手に捕って嬉しそうにしている部員もいた。

当時の野球部の監督は高山士《あきら》先生だった。部員は、高山先生のことを「ミスター」と呼んだ。高山士→高山氏と語呂合わせをしていたのだ。高山先生は、私を教師の道に導いてくれた恩人である。先生自身は高校、大学と器械体操のスペシャリストで、出身の新潟県の代表選手を何度も務めたことがあった。したがって、野球の経験はほとんどなく、調布南高で指導したのが初めてだったという。そのような経歴の先生に対して、野球については、私の方が知っているぞと、生意気なことも思っていた。だが、高山先生からは野球の指導を通して「人」としての生きる道を学ぶことができた。先生は、練習や試合後のミィーティングで四字熟語を連発して話をすることが多かったので、「ミスターの四字熟語集」なるものを作成した部員もいた。下級生の頃は、あまりに先生の話が長いので、早く話が終わらないかと空耳で聞いていることもあったが、学年が進むにつれ、先生の話は、人が生きていく上での教訓に富んだ内容が多いことに気づいたのだ。特に先生が自戒を込めて力説した話がある。

「私が君たちに指導している時に肝に銘じていることがある。それは人に物を教える時は絶対に手を挙げないことだ。なぜなら君たちは動物に調教するのとは違い、話せば分かるし、人間としての感情が常にあるからだ」

　このことは、今障害者教育に携わっている私の大切な教えとなっている。

　私は、高山先生の後ろ姿をみて体育教師の道も視野に入れるようになっていた。そして大学は野球もでき体育教師にもなれる日本体育大学を受験した。

　日体大野球部のグラウンドは横浜市の緑区にあり、グラウンドの後方にある小山を下るとすぐに「こどもの国」という広大な娯楽施設に繋がっていた。グラウンドの周りはまだ未開発な土地も多く、あちこちで造成中の土地があり、トラックやブルドーザーが行き来していた。

　私は、入学と同時に野球部のすみよし寮に入寮したのだが、「すみよし」とは名ばかりで自分史の中で暗黒の一年が始まってしまう。当時の日体大野球部員は約四〇〇人いた。単純計算で一学年一〇〇人だ。一年生はその内の約半分がすみよし寮に、残りはもう一つの健志台合宿寮に振り分けられた。すみよし寮では一九号室が私の部屋になり、甲子園経験者である秋田県出身の四年生と同じく甲子園経験者の長野県出身の二年生、そして同学年の京都府出身者との四人部屋であった。幸いにも私の部屋は、とても穏やかな上級生に恵まれ、理不尽な雑用を頼まれることもなく、きちんと節度のある対応をしていれば無難な生活を送ることができた。しかし、他の上級生には野球よりも下級生の粗探しに命をかけるような輩がいた。例えば、一年生のくせに、ポケットに手を入れて歩いていたり、また、敬語の使い方や電話の応対がマニュアルと違うなど、ミスをみつけては集合をかけるのだ。「集合」とは、前述したようなミスを下級生がした時に、下級生全員を集めて上級生が指導することを言う。

夜九時の寮内全員の点呼が終わると、二年生の集合隊長が声を掛ける。

「一年生は食堂に集まってください！」

集合の合図だ。一年生は慌てて部屋に戻り、膝にサポーターをあて、肩周辺のストレッチを行う。集合時の一年生は正座をして、拳を握りしめ両腕をまっすぐに挙げる姿勢を強いられる。膝のサポーターは正座の痛みを少しでも和らげるために、ストレッチは肩の痛みが故障に繋がらないように、ささやかな予防策を講じていた。だが、その予防の効果はまったくなく、集合は早くて一時間、長い時にはその倍ぐらいやらされた。さらに、掌やひどい時にはスリッパで叩かれることもあり、やっと解放された時には全身の筋肉が硬直し、立ち上がることもできないような状態になった。こんな生活を一年間続けたのだ。生きた心地がしなかった。何事もなく無事に就寝時間を迎えられた日は、布団に入り安堵するのだが、目をつぶるのが怖い。何故なら寝るとまた朝が来て、恐怖の一日が始まってしまうからだ。

集合で膝や肩を壊してしまい、野球に影響が出る選手もいた。今も日体大野球部が常勝チームになれないのは、無駄なところで選手が精神的にも肉体的にも疲労しているからだと、真剣に考えてしまう。

それでも私は野球が大好きだった。どんなに辛い寮生活があってもグラウンドに出ると野球ができる喜びに浸っていた。しかし、現実は厳しい。高校時代に全国レベルで活躍した四年生の打球は凄まじいものがあり、外野で打球を捕ろうと構えていると、途中から加速し、私の頭上をあざ笑うかのようにボールが越えていった。今度は、もう少し後ろに下がって構えてみるが、うなり声をあげたようなボールがまた楽々と越えていった。

明らかにレベルが違った。この瞬間にプロ野球はもちろん社会人野球の夢もはかなく消えてしまった。

苦労の多かった日体大野球部だったが、何とか頑張って四年間続けた。下級生の頃は、辛い日々の連続であったが、野球を通じた仲間は私の貴重な財産となり、同時に強靱な精神力を身につけることができた。

今でも困難なことに直面すると、大学時代の辛かった日々に比べればこんなことは何でもないと考える。シニアリーグの時と同じように方法論には疑問符が付くが、何事にもめげず、強い意志をもって進むことができるようになっていた。

その強い意志をもって、大学四年時に教員試験に臨み、運よく一発で合格した。来春には都立の教師になって、野球部を率いて甲子園を目指すぞ！

大きな憧れをもって前へ進むつもりだった。

養護学校

「浩司、養護学校の校長先生から電話だよ」

母はそう言い、私に受話器を渡した。

「はい」

「都立府中養護学校の校長の川越といいます」

「はい」

「今日、ご連絡したのは、急で申し訳ないのですが、明日、本校への採用面接に来ていただけないかと思いまして」

「養護学校…ですか」

「何か?」

「いえ、明日ですか」

「ええ、ご都合悪いですか」

「いえ」

「では、明日の二時までに本校にお越し下さい。場所は…」

私は受話器を置くと、放心状態のまま、母に呟いた。

「養護学校は高校なの？」

「養護学校って、身体の不自由な人が行くところでしょ。養護学校は高校なの？」

「たぶん、都立だからな」

「養護学校だって」


その日から約一か月前、私は多摩地区にある普通高校に呼ばれ、採用面接を受けていた。その高校の定時制の部に採用されるかもしれないということだった。定時制でも、夜の授業が始まる前に全日制の野球部も指導できるはずだ。夜の仕事で生活が少し不規則になるが、二、三年やれば、その学校の全日制（昼）の方に移れるだろう。私は、気楽な気持ちで面接に向かっていた。


面接では、眼鏡をかけて頭を七三に分けた、真面目を絵に描いたような校長と対面した。

「あなたは、日体大で野球をやっていたんですね」

「はい！　硬式野球部で四年間やっていました！」

「そうですか、私の学校は昼間の方の部活動も盛んで、定時制の先生にも顧問になってもらっているんですよ」


予想通りだ。

「ところで、今度、サッカー部の先生が異動の予定になってまして、あなたにはサッカー部の顧問になって欲しいんですが」

「サ、サ、サッカーですか」

「ええ」

瞬間、私がホイッスルを持って、サッカー部を指導している姿が頭に浮かんでいた。そして、その横では打撃や守備練習をしている野球部の生徒たちがいる。サッカー部の練習なんてどうでもよく、野球部の練習が気になって仕方がない。俺が教えてやれば、もっと上手くなるのに。そこには苛々している自分がいた。サッカー部なんて見ていられない。

私は、校長に向かって語気を強めて話した。

「私は、サッカーには自分の情熱が注げません。野球部の顧問になりたいです。野球部でないと嫌です」

呆気《あっけ》に取られた校長は、表情を曇らせながら話した。

「そうですか。野球部は顧問がいるんですよね。分かりました。合否についてはあらためてお電話します。本日はご苦労様でした」

後日、その校長から不採用の連絡がきた。

今になって思えば、サッカー部だろうが、とりあえずその学校に入ってしまえば、部活の顧問なんて何とかなったはずだ。今いる野球部の顧問だってどれ程の情熱をもって指導していたのか分からない。若くて元気なのが入ってくれれば、これ幸いにと交代してくれたかも知れない。事実、その高校は野球ではまったくの無名校だった。

　高校時代の恩師、高山先生にことの顛末を説明すると、先生は呆れたように話した。

「バカだなおまえは。そう言う時はな、謙虚に頑張りますと答えるんだよ。部活の顧問ぐらい何とかなるんだ。向きになったら駄目だ。とりあえず、どこの学校でもいいから、都立高校に潜り込むんだよ」

　失敗した。でも次の学校からまた声が掛かるだろう。今度は同じ失敗をしないようにしよう。その時はまだ気持ちに余裕があったのだ。

　それから、約一か月、どの学校からも一切連絡が来なかった。三月の中旬も過ぎると、次第に焦りがでてくる。何故なら、採用のないまま四月になると、合格年度の採用はなしになり、次年度の教師に欠員が出た時の補欠要員となってしまうからだ。さらに七月までに補欠採用がなかったら、再び採用試験を受けなければならない。

　そんな不安を抱えていた時に、やっと連絡が来たかと思ったら、養護学校だった。

　私は、すぐに高山先生に相談した。

「先生、府中養護学校から連絡がきました」

「え、養護学校か。俺も養護のことはあまり知らないが、同じ都立なんだから、とりあえず入り込まないと駄目だぞ。今度は謙虚にいけ」

「はい」と返事はしたものの、ものすごく気が滅入っていた。

養護学校。

まったく想像もしていなかった。母の言葉通り、身体が不自由な人が行く学校だろうという知識ぐらいしかない。それに最大の問題は、その学校に行ったら、野球ができない。

断ろう。

恩師の指示に逆らうことになってしまうが、先の面接でサッカー部を見てくれなんていうレベルの問題ではなかった。野球がまったくできなくなる環境に自分の身を置くことが想像できないのだ。おまけに障害者の相手をしなければならない。

面接であからさまに断るのではなく、相手の心証を悪くしないで、不採用になる。そして残り僅かの期間に、他の普通高校からの採用に賭けるしかない。それでも駄目だったら、また採用試験を受けよう。

そして、三月二十日、府中養護学校の面接日を迎えた。その日に面接を受けたのは、私を含めて六人だった。私たちが面接会場に並べてあった椅子に座って待っていると、川越良美校長が入ってきた。川越校長は細身のため、見た目よりも背が高く見え、また笑顔を絶やさない表情からは性格のおおらかさが感じとれた。

川越校長は穏やかな口調で挨拶すると、面接者六人に告げた。

「今日は六人の方にお越しいただきましたが、今日の面接を経て四人の方を本校に採用したいと思います」

(よし、採用されない二人に入るぞ)

「では、これから面接を始めます。最初に久保田さん」

いきなり私に質問がきた。姿勢を正して質問を待つと。

「久保田さん、高校時代の打率はどのくらいでしたか?」

「はあ?」

川越校長は、首を傾げ、訝《いぶか》しげにしている私の姿を見て、笑顔で話し掛ける。

「いやね。本校は野球部が強くてねー。みんな熱心なんですよ。その野球をやっている教師から頼まれましてね。大学で野球をやっていた人が来るから、必ず聞いておくようにと言われたものでね」

(養護学校にも生徒の野球部があるのか?)

「えーと、三割五分ぐらだったと思います」

「おー、それはすごいですね。後でみんなに伝えますよ。なんせいつも教師の野球大会で決勝まで行きますからね。久保田さんは大学は硬式野球ですか?」

（なんだ、教師のチームか。そんなの草野球じゃねーか）

「はい。小学校三年生から硬式野球です。軟式野球はほとんどやっていません」

「ほう、それは頼もしい。頑張ってくださいね」

（おい、こんな面接で決まるのか。他に聞くことはないのか。このままじゃやばいぞ、採用になってしまう）

「では、みなさんにお伺いします。これからは、コンピュータを使った教育が重要になってきます。この中で、まだコンピュータを扱えない人はいますか？」

（よし、できないぞ、マイナスイメージになる）

「はい！」

勢いよく手を挙げた。見渡すと手を挙げていたのは、私だけだった。他の人は自分にとって不利になるような回答をするはずがない。その後に続いたいくつかの質問も、できるだけ消極的な発言をして、不採用になるつもりだったが、焼け石に水だった。

翌日、川越校長から電話があり、こう告げられた。

「貴方を採用することにしましたので、頑張ってください」

流石《さすが》にこの電話では、頑張ってくださいの前に「野球を」は入っていなかった。

こうして私の教師人生のスタートは、不本意ながらも養護学校から始まることになった。

四月一日、養護学校の初出勤日を迎える。府中養護学校は以前アメリカンスクールだった土地と建物を使用していた。建物は築何年経ったかは定かではなかったが、灰色をした外壁は、至る所にひび割れが目立ち、コンクリートが欠けている箇所がやたらと目に付いた。また、廊下や教室は広々として開放的であったが、風が吹き抜ける箇所があまりにも多く、冬はさぞ寒さが厳しく、とても辛いイメージを抱かせた。校舎から一歩出ると広々としたグラウンドの外周にコンクリートで舗装したマラソンコースがあり、その縁を沿ってポプラの木が連なっていた。

私は、そのポプラの木を目にしながら、学校前にある幹線道路を渡ろうと、信号待ちをしていた。信号が青になり、横断歩道を渡りきると、そのまま左斜めの方向に進んで行く。学校の入口には門のような外部と遮断するものが一切ないので、よく見ていないと学校の敷地に入ったことすら気づかない。事実、校舎にたどり着くまで、舗装された道路を三百メートルぐらい歩かなければならなかった。のんびりと歩を進めている私の両側には、大きな桜の木が連なっており、ちょうど満開に咲き誇った桜が私の頭上を覆い尽くしていた。

そんな雄大な景観であったが、私の気持ちは一向に開花する気配すらなかった。

野球ができない。

普通高校の教師になって野球部を率いて甲子園を目指す。その夢が養護学校への採用で大きく崩れてしまった。採用が決まってからの憂鬱な日々。大学の野球部の仲間にも自分から養護学校に行くことを伝えられない。仲間の返事が予想できたからだ。

「養護学校じゃ野球できないな」

私は、その日に同じく採用された十数人の新規採用者と一緒に、校長室で川越校長から辞令をもらい、そばにいた教頭から学校についての説明を受けた。

「本校は、知的障害と肢体不自由の二部門があります。久保田先生はその用紙に書いてある通り、知的障害の方になります」

そんなのはどちらでもよかった。この時教頭から、初めて自分のことを「先生」と呼ばれたが、その感激もない。第一、私は障害者に対しての知識がまったくないのだ。小学校の時にテストの度に0点をとったり、話が上手にできないクラスメートがいたことを思い出す。その子たちは、途中でどこかの学校に転校してしまった。今思うと、たぶん養護学校に行ったのだろう。あとは、車椅子に乗っている人を巷で垣間見る程度だった。大学でも障害者教育の授業があったかと思うが、ほとんど上の空だった。その授業で何をやったのかまったく覚えていない。そんな状態だったので、知的障害だろうが肢体不自由だろうが言われるがままだった。

教頭から一通りの説明が終わり、新規採用者は連なって職員室に向かっていた。その途中、急に声が掛かった。

「すみません、久保田さんいますか？」

その人は、黒い上下のジャージを着て、かなり身体も大きかった。また口髭を生やしていたので顔の威圧感もあった。

「は、はい」

「野球やってたんだよねー。キャッチボールやろうよ。キャッチボール！」

見ると左手にグローブを二つ持っており、一つを差し出してきた。

(何なんだ、この人は)

「俺、〇〇と言います。よろしくね。この学校の教師チームのキャプテンなんだ」

(げっ、教師か。こんなごっつい人と一緒にやるのか)

「早く、グローブ付けてさ。こっちにおいでよ」

言われるがままに、グローブを持って校庭に出る。すると他にジャージ姿の人が三人待ち構えているではないか。みんなニコニコしている。その内の一人が声を掛けてきた。

「俺も日体大だったんだよ。よろしく。ところで久保田さんはどこ守ってたの？」

「外野です」

「そうか。じゃ、足早いよね。肩も強そうだし。いいね。いいね」

(何なんだ、一体！)

私はスーツ姿で革靴を履いたまま、キャッチボールをするはめになてしまう。私のボールを受けた髭づらの教師がうれしそうに話した。

「うーん、流石にいい球投げるね。クボちゃん、ピッチャーできる?」

(おい、いきなり「ちゃん」付けかよ)

「いえ、大学の時に少し肘をを痛めたことがあって、無理だと思います」

「あっそう。でもいいよ。高校の時、打率三割五分だったんでしょ。校長から聞いたよ。これでうちも優勝できるな。いつも教師の大会で準優勝ばかりだったからね。がんばってね、クボちゃん!」

訳の分からないままに、私の教師一日目は終わった。

私は放心状態のまま、養護学校で一週間を過ごし、気がつくと入学式の日となっていた。私は一年A組の担任となり、他に四十代の男性教師と三十代の女性教師の二名と一緒に担任をすることになった。入学式が一通り終わり、A組の生徒十二名と教室で対面した。十二名の内、三人は見た目だけでは、どこに障害があるのか分からない感じの生徒だったが、他の生徒は、椅子に座っていることができず、教室内を飛び跳ねていたり、椅子に座って机に頬杖をつきながら、涎《よだれ》を垂らしている生徒もいた。そして教室内に響き渡るうめき声。何となく教室中に漂う、排泄物のような臭い。初日から強烈な光景を目にしてしまう。

こんな所にいたら、絶対に野球ができない。

私の野球に託していた夢、高校野球の監督になって甲子園に行くという夢は、大きく崩れていった。

ときめき

六月、府中養護学校に赴任して、初めての宿泊学習の帰り道。私は、他の教師たちと一緒に約七十名の一年生を引率して、多摩川の土手沿いを一路学校を目指して歩いていた。

昨夜は、養護学校の生徒を連れた初めての宿泊学習で、勝手もよく分からず、右往左往したまま時間が経ち、気がつくと朝を迎えていた。ほとんど寝てない状態だったが、たかだか一泊ぐらい何のことはない。この土手沿いの道を三十分程歩けば学校に到着する。到着後、解散すれば晴れて自由の身だ。そう思うと、多摩川からそよ吹く風がとても心地よかった。今夜は早く帰って、ビールでも飲んで早寝しよう。

そんな思いにふけている時、学級委員の女の子が話し掛けてきた。

「久保田先生、何か臭くない？」

その言葉に、一瞬にして現実に引き戻された。

「え？　そうか。臭いか？」

「うん、なんかうんち臭いよ。前の方から臭う」

見ると、私の前方でがに股で歩くダウン症の生徒がいる。心なしかいつもよりがに股の広がりが大きいような。さらに注視していると、その生徒が履いているジャージのズボンの裾から、コロコロと茶色い物体が地面に転がり落ちているではないか。その茶色い物体は、生徒の足跡を示す印のように、点々と地面に転がっていた。

「あー、うんちもらしてる！」

私は、思わず大声で隣を歩いている先輩教師に声を掛けた。

その後が大変だった。私は先輩教師と一緒に、そのダウン症の生徒を連れ、土手の下にある公衆トイレに直行する。トイレに入り、生徒のズボンを脱がした。その瞬間、私の鼻孔に強烈な臭いが突き刺さった。

「くさっ！」同時に指先で鼻をつまんだ。

その生徒の大腿から足首までべったりとうんちが付いている。脱がしたパンツやジャージのズボンの裏地にもうんちがへばり付いており、ベタベタだった。先輩教師が私に指示した。

「おい、あそこにあるホースを洗面台の蛇口に繋ないでくれ」

「はい」

「繋いだら、ホースを俺によこしてくれ。早くしろ」

「はい」

「ＯＫ！　勢いよく水を出してくれ」

「はい。いきますよ！」

先輩教師は、ホースの先端を指先で摘み、水の勢いが強くなったのを確かめると、生徒の下半身目がけて噴射させた。見る見るうちに、べったり付いていたうんちが流れ落ちていく。洗いながら先輩教師が生徒に話し掛けた。

「おい、おまえ思いっきりもらしたな。宿を出る前にトイレに連れていけばよかったな。悪かったなあ。今、綺麗に洗ってやるから、待ってろよ。それにしても凄い量だなあー」

先輩教師は、生徒のお尻も広げて、肛門のまわりにへばり付いたうんちも綺麗に流している。そして、トイレに備え付けてあったトイレッペーパーを何重にも手に巻き付け、生徒のお尻や、大腿から足首にかけて綺麗にふき取っている。その作業を何回も繰り返していた。仕上げは、床に落ちているうんちをふき取り、汚れたトイレットペーパーを便器に流す。これで一連の作業が終わった。

「おう、綺麗になったぞ。すっきりしたろ。さあ帰るか」

先輩教師は何事もなかったかのように生徒に話し掛けた。

私は、強烈な臭いに耐えながら、一連の流れをただ呆然《あぜん》と見ているだけだった。

「たまんねーな」

私は、独り言を呟いた。

府中養護学校の授業は、毎朝行われる「充電トレーニング」と称する、三十分のランニングから始まる。私は、このランニングのことを、一日教室に閉じこめていると、苛《いら》つきがたまり爆発してしまう生徒のストレス解消のための「放電トレーニング」ではないのかと、ぶつぶつ言いながら走っていた。「生活」という訳の分からない教科もあった。要は日常生活に関するものなら何をやってもよい授業だった。私のいたグループの「生活」は、四角いコンクリートブロックを目的地まで運ぶという、極めて単純な内容であった。

「おーい、こっちにおいで」教師がブロックを持った生徒に呼びかける。

「…」生徒は教師の方を一瞥《いちべつ》して、下を向く。

「おーい、こっちだ、こっち」

「…」

やっと、生徒がのらりくらりと歩き出し、呼び掛けていた教師の所にたどり着く。

「よーし、よくできたね。えらい、えらい」

その教師は大げさにほめながら、生徒の頭を撫でている。

ほめられた生徒は表情を変えることなく、無言のまま指定されたベンチに座った。

「幼稚園児じゃあるまいし、見ていられないな」

私は、他の教師に聞こえないように呟いた。

「作業」という教科もあった。この授業は、畑で土興しや野菜の栽培を行う。私は、生徒と一緒に授業の度に地下足袋《じかたび》を履かせられた。野球の金属金具の付いた高価なスパイクから、その辺の雑貨屋で売っている何百円の地下足袋に足下が変化する。

虚しい。

この「作業」の授業は、雨が降っても合羽《かっぱ》を着てやらされた。「作業」の授業担当者が気合いを入れて生徒に叫んでいた。

「みんな、畑仕事はな、雨が降ってもやるんだぞ。がんばるぞ！」

「本物の農家は雨が降ったら、仕事、休みだろ」

私は、その気合いの入っている教師に聞こえないように呟いた。

このような調子で、どの授業もまったくやる気がない。口から出るのは文句ばかりである。そんなやる気のなさは、生徒指導にも現れていた。毎日、重度障害の生徒と手を繋ぎ、フラフラと歩くだけで時間を過ごす。時には、校舎の陰に生徒を座らせ、人目を盗んで煙草を一服なんていうこともあった。

無駄な時間が流れる日々。

梅雨から初夏に向かう頃、やっとつまらない授業が終わり、教室から職員室に戻っていると、ふっと校庭で野球をやっている生徒たちが目に入った。

野球をしていたのは、放課後に活動している「野球クラブ」の生徒たちだ。ちょうどこれからキャッチボールを始めようとしていた。その生徒たちが投げようとしていたのは、野球のボールではなく、ソフトボールだった。毎年九月に東京都の養護学校ソフトボール大会があり、その大会に向けて練習していた。

私は、特にやることもなかったので、しばらく足を止め、野球クラブの練習を見ていた。

ある生徒が大きな声を出してボールを投げている。

「おーい、いくぞ、ちゃんと捕れよ！」

「わかったー、いい球投げろよ」

「うりゃー」

「おーい、どこ投げてるんだよ、取りに行くの面倒くさいなあ」

暴投を投げられた生徒は、だるそうに歩きながら、ボールを拾いに行く。やっと戻ってくると今度は自分がボールを投げる番だ。表情がにこやかになった。

「俺は、ちゃんと投げるから、しっかり捕れよ！」

「おう、ここだぞ、俺のここに投げろ」

相手の生徒は、自分の胸を右手の人差し指で力強く指している。

「分かったよ。いくぞ、うりゃー、あれー」

気合いを入れて投げたボールは、斜め四十五度の方向に飛んで行った。

「おい、おまえこそどこに投げてるんだよ。自分で捕りにいけよ」

「やだよ、さっきだって俺が捕りに行ったんだ。おまえが行けよ」

「ちぇ、面倒くさいな」

このキャッチボールをしている生徒たちは、私が見ている間、同じことを繰り返していた。キャッチボールをするよりも、ボールを拾いに行っている時間の方が明らかに長い。

さらに傍らでは、暇を持て余し、自分で小石を投げてバットで打っている生徒もいた。

その生徒は、監督やコーチがするノックの真似をしているようだ。小石を打った後、あたかも誰かがエラーしたことを叱責《しっせき》するように、一人で大声を出し、怒鳴っていた。

私は、そのような光景を目にして、思わず言った。

「ひどいな、こいつら」

そして、確信した。

こいつらは、俺の教える野球のレベルではない。

私には、大学まで第一線で野球をやってきた自負があった。残念ながら、プロ野球選手の夢は叶わなかったが、指導者として甲子園を目指すという、新たな夢があった。そこには、高いレベルで野球をして、私の全身全霊を野球に注ぎ、夢を達成する、そんな青写真があったのだ。こんな所で、草野球の足下にも及ばない生徒たちに野球を教えている場合ではない。

この頃、私は、同期で府中養護学校に入った新規採用の仲間に発破をかけていた。

「おい、この学校で三年経ったら、みんなで一斉に普通高校への異動希望を出そうぜ」

東京都の異動規定で、採用になった学校には、最低三年はいなければならなかった。

私は、何か自分自身を発憤させる材料が欲しかったのかもしれない。とにかく三年間養護学校で我慢すれば、普通高校で野球ができる。その気持ちを何とか表現したかったのだろう。事実、同期で入った十数人の新規採用者のほとんどが普通高校を希望していた。みんな自分の希望に反して、養護学校に採用されている。一杯飲んだ席で、よく話題になった。

「俺なんか、理科なのによう、この学校じゃ理科の授業もないし、せっかく教員免許取ったのに何の役にも立たないよ」

「俺の教員免許は、高校の数学だよ。授業では、小学校低学年の算数以下のことをやっているんだ。俺の頭の方がおかしくなっちゃうよ」

悩みはみんな同じだった。

私も回りの仲間には、いつも発破を掛け、見た目には強気に振る舞っていたが、一人になるともの凄く不安になっていた。

　養護学校では、野球ができない。

　小学校三年から大学まで、毎日のようにボールを追いかけ、バットを振り続けてきた。小さい頃、毎日二百本の素振りをして、手に豆ができ、その豆が割れて血が噴き出したこともあった。それでも絆創膏《ばんそうこう》を貼り、痛みに堪えて振り続けた。休日も練習や試合に明け暮れた。野球を始めてから、家族でレジャーに出かけた記憶はほとんどない。だが、友だちが何処そこに行って来たという話を聞いても、何ともなかった。練習がどんなに辛くても、休日に回りの友だちのように遊びに行けなくても、野球をやるのが当たり前であり、好きなことをできる喜びが何よりも勝っていた。

　その大好きだった野球が一瞬にして消えた。

　私は、養護学校に勤務してから、自然と野球を遠ざけるようになっていた。プロ野球のナイター中継や夏の高校野球もテレビで見なくなってしまう。そこには、野球ができない自分に対して、野球を拒絶するように働きかける神様がいたのかもしれない。

　もう、野球はできないんだから、早く諦めなさいと。

　悶々と過ごす日々は、時間の経つのも遅く、やっと養護学校に勤務して二年目が終わろうとしていた。そして、三度府中養護学校に咲き誇る満開の桜を目にする季節を迎えた。

　そんなある日、私が職員室の自席で一服していると、口髭の教師が笑顔で近づいてきた。「ねー、ねー、クボちゃん、俺にも一本くれないかな」

口髭の教師は右手の人差し指と中指を合わせ煙草を催促した。

「いいですよ、どうぞ」

私は、煙草ケースを二、三回縦に振り、勢いで出てきた一本を差し出す。

「おう、サンキュー、悪いね」

私が百円ライターで火をつけてあげると、口髭の教師はうまそうに大きく吸い込み、勢いよく吐き出した。

「ぶっはあー、あーうまい。人にもらうとなおさらうまいなあ。ワハハハ」

私は、煙を吐き出す口髭の教師を見て、思わず「ゴジラ」を連想する。

「ところでさ、クボちゃんに頼みがあるんだけど」

「ええ、何ですか？」

「俺さあ、今度進路担当になっちまって、生徒の就職先を開拓するので、外回りばっかりになるんだよ。あまり学校にもいられないんだよ」

「はあ」

「でな、野球クラブも見られなくなるから、クボちゃんさあ、俺の変わりに顧問になってくれないか？」

口髭の教師が野球クラブを創設し、今まで顧問を務めていた。

「いえ、ちょっと…」

(あいつらの顧問？　冗談じゃないよ)

「なあ、頼むよ。いいだろう、よろしくな！」

「あのう…」

口髭の教師は既に去っていた。こうして私の野球クラブ顧問就任があっけなく決まった。

「まあ、いいか。どうせ後一年で普通高校に異動だし、一年間適当に指導すればいいや」

私は、自分を慰めるように呟いた。


一週間後、私の野球クラブ顧問としての初練習日を迎えた。クラブの生徒たちは、例によって三々五々校庭に集まり、相手が決まった者同士でキャッチボールを始めている。キャッチボールの並び方もバラバラで、まったく統一性がない。傍らでは、また小石を投げてバットで打っている生徒もいた。以前、見た時と同じ生徒である。この生徒は、三年生になっても、同じことを続けている。今まで、誰も指導しなかったのか。急に、ガハハと大きな声で笑っている口髭の教師が脳裏に浮かんだ。

私は、校庭にある朝礼台の上に座って、ぼんやりと生徒がキャッチボールをしている様子を眺めていた。指導する気などはまったくない。しばらく様子を見てから、二階にある職員室に上がり、一服でもするか。そんなことを考えながら茫然としていた。

そんな時、ふっと見ると目の前にダウン症の生徒が立っていた。この生徒は一丁前に顎に少し髭を蓄えている。身長は、百五十センチもないだろう。小柄だったが、愛嬌《あいきょう》のあることで有名な生徒だった。特に若い女性教師が大好きで、すぐにからかったり、当時流行していた有名お笑い芸人がやるポーズを真似て、回りの笑いを巧みに誘うことがうまい生徒であった。

その生徒が私に話し掛けた。

「なあ、先生、俺に投げ方教えてくれよ」

(何だこいつは、面倒だな)

好きにやっててていいよ。と言いかけた時、その生徒の真剣な眼差しが、私の脳裏に鋭い剣のごとく突き刺さった。いつものおちゃらけた表情とは違い、純粋に指導を欲している目だった。私はその生徒の真剣さに押され、思わず言った。

「分かった。ちょっと投げてみな」

「うん」

生徒は、元気に返事をして、嬉しそうにキャッチボールを始めた。

私は、その生徒の投げている様子をしばらく観察していた。すると、ボールの握り方やステップの仕方など、基本的なことがまったく疎《おろそ》かである。これではうまく投げられるはずがない。

私は、生徒をそばに呼び、ボールの握り方やステップの仕方、さらに腕の振り方の基本を教えてみた。

「今、教えたことをやってボールを投げてみな」

「うん、分かった。うりゃー」

ボールは、今までの倍近く飛んでいった。

「先生、あんなに飛んだよ！」

生徒は喜んで言った。

「なあ、そうだろう。もっとこうしてな、身体の勢いをうまく使ってボールを投げると、もっと飛ぶぞ」

生徒は、私の真似をしている。

「先生、こうか?」

「そうそう、そんな感じだ。もう一回投げてみな」

「うん、うりゃー、先生、さっきよりも飛んだぞ。よっしゃ！」

私は、気がつくと一時間以上も指導していた。その生徒は、教えれば教える程ボールを投げる距離が伸び、投げ方も上達していった。そんな生徒に引きつけられるように、私も我を忘れて指導に没頭していた。その生徒は、ついに今までの倍近い距離を投げられるようになった。

「うほー、やったぞ。先生、あんなに遠くまで投げられたぞ。俺、すごいだろう」

生徒は、愛嬌たっぷりに満面の笑みを交えて、お笑い芸人のポーズを真似している。

私は、その生徒の喜ぶ姿を目の当たりにし、心がざわついた。

それは、今まで自分の中にあった大きく聳《そび》える壁が、ミサイルの一撃で一瞬のうちに崩壊していくようだった。障害者は何をやっても駄目だ。できる訳がないと思い込んでいた壁が、一気に崩壊した。

〝この子たちもやればできる〟

この子たちは、今まで、ボールの投げ方ひとつ、きちんと教えられたことがなかったのだろう。私が一時間教えただけで、今までできなかったことができるようになった。あのダウン症の生徒がボールを遠くまで投げられた時の喜び方は、生まれて初めて味わう達成感の自己表現なのだ。

私は、見捨てられていたと思い込んでいた野球の神様に、もう一度チャンスをもらった。

それは、障害のある人たちに、野球の楽しさを伝えるチャンスだった。

ソフトボール

「集合！」

私は、校庭の中央で大声を出して叫んだ。

野球クラブの生徒たちがやる気無さそうに、だらだらと集まって来る。帽子を被っていない生徒やシャツがだらしなく出ている生徒もいた。

「やり直し、もう一度集合！」

「何で？」

私の目の前にいる生徒が不思議そうな顔で聞いてきた。

「先生が集合と声を掛けたら、ダッシュで集まるんだよ。それとな、帽子を被っていなかったり、シャツを出したまま集まったらいけないんだ」

私は語気を強めて言った。

「それ、決まりなのか？」

また、同じ生徒が質問した。

「そう、決まりなの」

「何の決まりなの？」

「しつこいな。野球の決まりだよ。野球の！」

次にランニングの指導をした。

「おい、走る時は、一、二、一、二と大きな声を出すんだよ！　左足が一、右足が二だ。そうすれば走っている時にみんなの足が揃うんだよ。分かったか」

またまた、同じ生徒が近づいてきた。

「それも決まりなのか？」

「そうだ。決まり！」

「今度は何の決まるなの？」

「だから、野球の決まりだって言ってるだろ！」

「おー、先生、怖えー」

質問した生徒は、私から逃げるように去っていった。

私は、ダウン症の生徒にキャッチボールを指導してから、養護学校の生徒に対する考え方が変わった。この子たちもきちんと教えてあげれば、必ず上達するはずだ。私の知っている野球を教えていこうと。

だが、そうは言ったものの、野球クラブの生徒たちは、今までほとんど指導されてきていない。いつも自分たちで好き勝手に練習していることが多かったからだ。そんな生徒たちにいきなり技術指導を入れるには、無理がある。私は、まず集合の仕方や挨拶、返事などの基本から指導して、その後、声を揃《そろ》えたランニングを教えて行くことにした。これらは、私が小さい頃に野球を始めた時、一番最初に教えてもらったことだった。

ところが、この最初の基本指導が大変だった。

私は、練習の度に生徒が私のいる所に集まることを繰り返した。その練習だけで毎日一時間は掛かった。何回言っても走らない生徒がいる。ポケットに両手を突っ込んだまま集まる生徒もいた。その度に注意して、何回もやり直しさせた。やっと集合練習が終わると、今度は服装のチェックだ。帽子を忘れた生徒は、教室に取りに戻らせる。中には家に忘れたり、自分の帽子を持っていない生徒もいた。また、ジャージをだらしなく着ている生徒も注意した。私は、Tシャツを出しているのも禁止した。何故なら野球のユニフォームを着る時にシャツは出さないからだ。

私は、すべて自分が教えられてきた野球の基本マナーを生徒に教えていった。

生徒たちは、同じことを何回繰り返してもなかなか指示通りに動いてくれない。私もかなり苛《いら》ついたが、ぐっと堪えて指導を続けた。

そんな私の指導を端から見ている教師が揶揄《やゆ》した。

「何か、最近の野球クラブの練習、軍隊の訓練みたいね」

私は、そんな外野の声には耳を貸さずに練習を続けた。

結局、私が野球クラブの顧問に就任してからの二、三か月は、毎日このような基本練習ばかり続けていた。やっと、何とか集合やランニングの仕方が様になってきた頃は、もう夏休みに入り、校庭に蝉の鳴き声が聞こえてくる季節になっていた。

夏休みは、学校の隣にある市営グラウンドを借りて練習を始めた。本来ならば、役所に行って手続きを踏まなければならないのだが、平日の昼間は空いていることが多かったので勝手に使ってしまった。市営グラウンドは、十分に野球場一面の広さを備えており、生徒が活動するには最適の環境である。この夏休みの練習から九月の都養護学校ソフトボール大会に備えるために、野球のボールをソフトボールに切り替えていた。

グラウンドには真夏の太陽が容赦なく照りつけ、グラウンド上の気温は、四十度を遙かに超えていた。

私は、夏休みの練習から基本技術を教えることにした。

早速、バッティングの指導が始まった。

「君は右打ちか、それとも左打ちか？」

私は、不思議な格好で構えている生徒に聞いてみた。

「俺か、俺はね、こう構えるんだよ。こうやってね」

その生徒は、誇らしげに構えてみせる。右打ちの構えだ。

「おまえ、そこな、左の打者が入るバッターボックスだぞ。ストライクが来たら、どうやって打つんだよ?」

「先生、こうやってな、思いっきり振るんだよ」

生徒は、横目で私を見ながら、勢いよくバットを振って見せた。

「でもな、ホームベースはおまえさんの後ろにあるよな。そこにボールが来たら打てないだろう」

「えっ、こっちにボールが来るのか?」

生徒は、右打ちで構えたまま、首を後ろに捻りながら話した。

「なあ、分かっただろう。どうやれば打てるんだ?」

私は質問をしながら、その生徒が反対のバッターボックスに立っていたことに気づいて欲しいと願った。

「そうか。こうやればいいんだな」

生徒は、徐《おもむろ》に左打ちで構え、ぎこちない格好で素振りを始めた。

「おいおい、おまえは右打ちだろう。何で逆で打っているんだよ」

「だって、ベースに来るボールはこの方が打ちやすいだろう」

この生徒には、右打者用のバッターボックスはまったく視野に入っていなかった。

「ふー」

私は、大きなため息を吐いた。私の知る野球の常識がことごとく打ち砕かれていった。やはり、この子たちは、俺の教える野球のレベルではないのか。私は、また不安になり、自問してみるが、すぐに首を振って否定した。そして、これぐらいのことでめげてはいけないと、気持ちを奮い立たせ、再びバッティングの指導を行った。

「おい、おまえどこに走っているんだ！」

また、私の怒声が飛んだ。

やっと、自分の入るべきバッターボックスを覚えた生徒が、今度は、ピッチャーの投げたボールを打った後、突然、マウンドの方向に走り出したのだ。おまけにバットを持ったまま。

チームメイトからも野次が飛ぶ。

「おまえ、どこに行ってんだよ。一塁はあっちだよ。あっち」

そう言われた生徒は、バットを持ったまま、マウンド上で唖然《あぜん》としている。横にいたピッチャーの生徒が言った。

「おまえ、早く、一塁に行けよ。一塁はあっちだぞ」

私は、この光景を見て、思わず目を覆ってしまった。

「かなりひどいな」

そして、フィールディング練習に移り、ノックを始めた。すると、捕球した後にボールを持ったまま右往左往している生徒が続出した。

「おい、何やっているんだ。早く一塁に投げろ！」

またまた、私の怒声が飛ぶ。それでも生徒はボールを持ったままだ。

「早くしろ。おまえふざけてるのか！」

その生徒は、私の怒声《どせい》に怯えて、泣きそうな顔をしている。そして、ついにその場でボールを放り投げ、泣き出してしまった。

「何やってんだよ。どうしようもねーな」

私は、投げやりに言った。

私の方が泣きたい心境だった。その時にふっと考えがよぎった。

もしかして、この生徒は、一塁がどこにあるのかまったく知らないのではないか。

私は、生徒に聞いてみた。

「なあ、一塁ベースはどこだ?」

「…」

生徒は、きょとんとしていた。

「知らないのか」

「うん」

生徒は、鼻をぐずぐずさせながら頷《うなず》いた。

私は、あらためて全員に確認してみた。驚いたことに、約半数の生徒が、一塁ベースをはじめ、各塁の名称や位置を理解していない。それなのに、私は、生徒が理解していることを前提で怒声を飛ばし、できないと怒っていた。

これが知的障害者なんだ。

我々健常者が当たり前のようにやっていることでも、分からなかったり、理解できないことがたくさんある。今回の練習のケースもそうだった。そこをいかに具体的に理解させるかが、知的障害者を指導するポイントになることに気付いたのだ。

私は、同時に養護学校に勤務してからの二年間を猛省した。それは知的障害者を指導する上での基本的なことに今頃気付いた自分に対してだった。今まで如何にやる気のない日々を過ごしていたことか。

私は、その場ですぐに生徒が理解しやすいような指導を試みた。

「おーい、一塁はここだ。こっちに来い！」

私は、一塁のベース上に立って生徒を大声で呼んだ。それでも分からず、バッターボックスでバットを持ったまま立っている生徒がいる。私は、その生徒の手を取り、一緒に一塁まで走った。その次は二塁。そして三塁、ホームと生徒が分かるまで何回も大声を出しながら一緒に走った。

また、フィールディングの時に打球を追えない生徒もたくさんいた。打球が自分のすぐ横を通過しているのに、知らんぷりだ。

「おーい、ボールを見ろよ。おまえの後ろに行ったぞ」

私の声を聞き、やっと生徒が打球の方向に目を向ける。私は、他の生徒がバッティング練習をしている時に、守っている生徒の後ろに張り付き、打球が来た時に掛け声と同時にその生徒の腰の当たりを軽く叩いた。

「さあ、行け！」

私の声を合図に生徒がボールを追いかけて走り出す。途中で止まってしまう生徒には、また、私が一緒に走りながら追いかけた。猛暑の中、何回も生徒と一緒にベースランニングやボールを追いかけていると、流石に疲れてくる。途中、フラフラになってしまい、もう止めようかと弱気になるが、気持ちを奮い立たせて、また頑張ってみた。

ある時、一人の生徒が外野の奥深い所に転がったボールを探しに行ったが、戻って来ないことがあった。何やら奥の木の当たりでさまよっている。まだ、ボールを探しているのかと、しばらく待っていると、その生徒が大声で叫んだ。

「先生捕ったよ！」

「おお、そうか良かったな。でもな、そう言う時は、（ボールを）見つけたと言うんだぞ」

私は、遠くにいる生徒に聞こえるように大きな声で言った。

「違うよ。違う。捕ったんだよ！」

生徒は、嬉しそうに叫びながら右手を上げている。よく見ると右手にはボールがない。

「おーい、どうした。ボールがないぞ！」

「先生、捕ったんだよ！」

「…」

生徒がダッシュで私の方に駆け寄ってくる。確かに右手には何かを持っていた。

「先生、ほら」

私は、恐る恐るその生徒の右手の中を覗《のぞ》いた。

「セミ…」

「そう。セミ捕ったんだよ。木にいたやつをね。凄いだろ俺！」

生徒は、誇らしげに胸を張った。

私は、一瞬にして膝の力が抜けてしまった。この生徒は、ボールを探している内に、木にいるセミを発見して、捕まえていたのだ。

「ところで、ボールはどうした？」

「…」

今度は、生徒が絶句した。

私にとって初めてのソフトボール指導は、まさに試行錯誤の連続であったが、教える度に上手になっていく生徒に少しずつ喜びを感じ始めていた。

そして、初采配《さいはい》となった九月のソフトボール大会は、三位となった。

私は、大会終了後、生徒に檄《げき》を飛ばした。

「来年の大会は、絶対に優勝するぞ！」


一方、私は、ソフトボール指導に情熱を傾けながらも、あることで悩んでいた。それは、三年目を迎えて異動希望をどうするかということである。

野球クラブの顧問に就任して、養護学校の生徒にソフトボールを指導するようになり、再び野球の血が騒ぎ出していた。事実、毎日のソフトボール指導を通して、生徒たちの無限の力の広がりに、教師としての醍醐《だいごみ》味を味わい始めていたのだ。

だが、赴任してから、一貫して同期の仲間に〝三年経ったら異動しよう〟と声高に叫んでいる自分もいた。

「俺、やっぱり養護学校でソフトボール教えたいから、しばらく残るよ」

何度か仲間にそう言おうとしたが、なかなか言えなかった。

そうこうしている内に、異動希望をを出す時期になってしまい、私は流されるがままに普通高校への希望を出してしまった。

何となく、後ろめたいような気分。

何故だろう。

「来年の大会は、絶対に優勝するぞ！」と生徒に宣言したのは誰だ？

でも、同期の連中に言っていた手前もある。何よりも、私の夢だった高校野球の指導者にはなりたくないのか？

自問自答してみるが、答は見つからない。

もう、どうすればいいんだ！

私の胸中にもやもやとした霧が立ち込めたまま、時間だけが経過していった。

二月の下旬になり、私は、当時の府中養護学校の校長に呼ばれた。異動の内示である。校長室に向かいながらも、何となく背中にずしりとした重みを感じた。

私は、校長室のドアをノックした。

「失礼します」

「どうぞ、そちらに掛けてください」

校長が手で座る位置を示す。

「えー、久保田先生に異動の内示をお伝えします」

「はい」

私は、いずまいを正した。

「府中朝日養護学校です。また、頑張ってください」

「はい。分かりました」

私は、立ち上がり、一礼して校長室を出た。そして一歩廊下に出た途端、大きな息を吐くと同時に、深い安堵感に包まれているのを感じた。

「よかった」

私は、呟《つぶや》いた。

府中朝日養護学校は四月に開校する新設校だった。府中養護学校から知的障害の生徒が通う高等部がそのまま移行する学校である。私は、普通高校が駄目なら、府中朝日養護学校に行きたいと、希望していた。

私は、確信した。

異動の内示を聞き、校長室を出た時の安堵感は、養護学校に残りたいという自分の素直な気持ちの表れだったのだ。それは、これからも養護学校の生徒にソフトボールを教えられるという大きな喜びでもあった。

野球の神様も、私に養護学校で教えなさいと導いてくれたに違いない。

四月になって私は、府中朝日に転勤した。そして、すぐにソフトボールの指導を始めた。その学校には、今まで府中養護学校で教えていた生徒がそのまま来ていたので、生徒も私の厳しい指導に付いてきてくれた。また新設校のため、校舎も以前のアメリカンスクールで使用していた物とは雲泥の差があり、傍目からは立派な大学と見間違える程の豪華さがあった。校庭も広く、大人の軟式野球にも十分に対応できるスペースであった。

私は、早速毎日の練習メニューを計画し、実行していった。その中には、バーベル器具を使ったウェイトトレーニングも組み込んでいた。養護学校でウェートトレーニングを本格的に行っていたのは、当時としては珍しかったと思う。それだけ、知的障害のある生徒は、華奢な身体の子が多く、バーベルトレーニングの必要性を感じていたのだ。

華奢な身体は、食事の取り方にも課題があったのだろうが、一番の問題は、小さい時からの運動経験の乏しさが最大の要因であった。当時、ソフトボールを指導していた生徒で、中学校の部活動を経験していたのは皆無である。心身障害児学級に在籍していた生徒が多かったが、中学校で普通学級の生徒たちの部活動を希望しても入れてもらえなかったという。その子たちは、怪我をするかもしれないから、危ないという理由だった。

私は、そんな危ないと言われてきた生徒の集団を指導しなければならなかった。確かに、生徒たちだけでやらせると、理解力や判断力が乏しいために、怪我をする危険性は高い。だが、バーベルトレーニング一つとっても、基本的なやり方を指導すれば、できるようになるし、今まで筋力がほとんど無かっただけに、効果もすぐに現れた。

「俺、筋肉付いたろ」

嬉しそうに、ボディービルダーのポーズを決める生徒もいた。生徒も意欲的だ。

そして、夏休みの練習も終了し、再びソフトボール大会を迎えた。私の指導した生徒たちは、その大会で大活躍をしてくれ、見事に初優勝を飾ることができた。前年の三位で悔しかった思いを一年後には晴らすことになった。

この年から、府中朝日のソフトボールチームは、養護学校の大会で連覇を果たしていく。

バリア

私は、府中朝日養護学校で四年目の春を迎えていた。前年の都養護学校ソフトボール大会でも優勝し、開校から続いている連続優勝も三回を数えていた。

この頃の私は、毎日ソフトボールの練習に明け暮れていた。練習も普通校と同じように放課後や休日に行っていた。バッティングやフィールディングの練習では、私が学んできた野球の技術を徹底的に教えていた。ピッチャーには一番運動神経の良い生徒を指名して、ソフトボールのウィンドミル投法のように腕を回し、速い球を投げさせた。

そのような練習の積み重ねで、他の養護学校のチームには圧倒的な力で勝つようになった。昨年の大会は、すべてのゲームにコールドで勝った。

我がチームは、快進撃を続けていたが、私には、もっと生徒を高めるための新たな目標が必要だった。それは、指導していく私の意欲を高めるためでもあった。養護学校の大会だけで満足することなく、さらに向上していきたい。私にも指導者の多くが要求する勝利欲が出てきた。また、養護学校の大会の勝利だけで満足してしまうと、さらなる意欲が失われ、一度は封じ込めた弱気が再び顔を出してくるのも怖かった。自分勝手に達成感に浸り、もう養護学校は十分だ。次は、念願の普通高校で野球をやるんだと。

健常者への挑戦。

私は、新たな目標を設定した。自分たちよりもうまい人たちに胸を借りるしかない。養護学校の生徒よりも上手なのは健常者のチームだ。私は、都内の高校でソフトボール部がある学校を調べ、片っ端から電話をした。

「もしもし、府中朝日養護学校でソフトボールの顧問をしています久保田と申しますが、練習試合をお願いできないでしょうか」

「えっ、養護学校ですか？」

「はい、そうです。養護学校のソフトボールチームです。練習試合を…」

「えーと、うちの、学校はですね。えーと…」

「はい、何でしょうか」

「あの、その、グラウンドが狭くてですね、試合ができないのですよ」

「あ、そうですか。でも、うちの学校から近いので、たまに練習しているところを見ているのですが、十分試合はできますよね」

「あっ、でも、ちょっと、怪我とかされると困るのでね」

「いえ、そのご心配には及びません。うちの生徒は、しっかり練習しているので大丈夫です」

「でもねえ、養護学校でしょう。何かあったら危ないでしょう」

「だから、大丈夫ですよ」

「でもねえ、こっちの責任になっても困るしね。また、別の機会ということで、では失礼しますよ」

一方的に電話を切られてしまった。

他の学校も、養護学校というだけで無下に電話を切る学校ばかりであった。

「うちは、普通高校と同じように毎日三時間ぐらい練習を重ねています。ご迷惑を掛けることはないと思いますので、よろしくお願いします」

何度も懇願してみるが、二十校近く掛けてもどこも相手にしてくれない。

そのような中、やっと一校、練習試合をしてもよいという返事をもらえた。都内の松陰高校である。女子のソフトボール部だった。

「女子か。まあ、初めての試合だから仕方ないか」

私は、自分を納得させるように呟いた。

六月、初めての健常者チームとの試合の日を迎えた。その日は梅雨晴れとなり、初夏を感じさせるような高く青い空が我々の試合を見守っていた。

だが、生徒たちには、まったく緊張感がない。何か浮ついているようにも感じられた。

「おい、女子校だってよ。かわいい子いるかなあ」

ある生徒は、嬉しそうに話す。

「試合が終わったら、電話番号とか聞いてみようぜ」

どの生徒も心ここにあらずだ。

そういう私も女子校相手にかなり気が緩んでいた。いくら養護学校とはいえ、女子校相手に負けるはずがない。完璧に女子のチームを嘗めていた。そんな私の気の緩みが、生徒たちにも伝染してしまった。

校庭では、松陰高校の試合前の練習が始まった。

その練習風景を見た私と生徒たちは、開いた口が塞がらず唖然とした。

「うまいね、先生」

思わず私の隣にいた生徒が話し掛けてきた。

「確かに、うまいな」

私は、そう言い返すのが精一杯だ。

シートノック前のボール回しが始まる。あっという間に内野手がボールをダイヤモンド一周させて、気が付いた時には、逆に回し始めていった。その間に休むことなく大声を出し続けている女子部員たち。凄い気合いだ。監督のノックが始まる。次から次へと連射法のように打球が繰り出されていく。それを捕っては一塁へ、一塁手はすぐに三塁に投げた。三塁手はホームへと連続で送球している。ボールを回している間に、監督は次の選手にノックを打っていた。

「早い」

私は、唖然としたまま呟いた。そして、さらに驚きの場面に遭遇した。

バシッ!

松陰高校のピッチャーが投球練習を始めた。キャッチャーミットに突き刺さる音が校庭に響き渡る。そのピッチャーは全身の力を利用して、勢いよく右腕を回転させていた。ちょうど野球で投げるオーバースローと反対に回転する投げ方だ。そのピッチャーがボールを放した瞬間には、キャッチャーミットにボール突き刺さるように見えた。投捕間が約十二メートルと短いこともあるが、それにしても凄まじい早さであった。私が生徒に指導したにわかウィンドミル投法とは明らかにレベルが違っていた。

「女子でもこんなに速いボールが投げられるのか」

私は、驚いて思わず声に出した。

そして、これがはじめて本物のソフトボールを目の当たりにした瞬間でもあった。

試合は、松陰高校にまったく歯が立たず、〇対二十一で完敗した。内容も惨憺《さんたん》たるもので、ヒットは僅かに内野安打一本である。もう少しで完全試合を喫するところだった。

試合後、私は、暫し放心状態に陥る。あまりの完敗にもの凄い衝撃を受けたからだ。おまけに相手は、高校の女子生徒である。養護学校の大会で連覇をしたぐらいで浮かれていた自分が情けない。今日の試合を見て、生徒たちのレベルが如何に低いかが、改めて分かった。同時に、生徒たちの精神的な弱さも露呈した。生徒たちは、養護学校の試合では、意気揚々と胸を張ってプレイしていた。

「養護には、負ける訳がない」

一丁前なことを言う生徒もいた。だが所詮、井の中の蛙《かわず》だ。

松陰高校との試合で、相手ピッチャーの球を見ただけで、顔面蒼白になってしまう。エラーが続出しても、流されるままである。何とかしようともしない。連打を浴びても、下を向いて俯《うつむ》いているだけだ。

最悪なのは、試合後、これだけの完敗をしても悔しいと感じている生徒がほとんどいないことだった。にやにやしながら、他の生徒とおしゃべりに夢中になっている生徒もいた。

そんな生徒たちを見て、私は心底むかついた。

「おまえら、こんな負け方をして悔しくないのか！」

試合後のミィーティングで激怒した。その後も延々と説教を続ける。私は、悔しくて仕方なかった。ここまでの私のソフトボール指導を全否定されたのと同じだったからだ。私が、生徒に教えていたのは、自分が知っていた野球である。バッティングにしてもフィールディングにしても、野球の間《ま》があり、さらに養護学校の生徒が対応しやすいように、その間もゆっくりとしていた。ピッチャーの投げ方も、ほとんど真似事である。ただ単に腕を回転させているだけだ。理論も何もない。これでも養護学校の大会は楽勝だった。如何にレベルが低いかが分かる。

私は、この敗戦から多くのことを学んだ。まずは、生徒の精神的な弱さである。少しピンチになったぐらいですぐに崩れてしまう。自ら解決しようとする力がまったくない。これでは、生徒が卒業して、社会で揉《も》まれても太刀打ちできないではないか。巷では、ノーマライゼーションなどという言葉が出始めたが、健常者と対等に渡り合うなんて理想論に過ぎない。だが私は、諦めたくなかった。知的障害があるからできないのは仕方ない。そういう考えだけは、絶対に認めたくない。彼らもやればできるはずだ。

次に、私の指導力不足も痛感した。ソフトボールを指導していく上での知識がまったくなかった。私がこんな体たらくでは、生徒に多くを要求しても無理である。私は、その大敗した日の帰り道に本屋に立ち寄り、ソフトボールの専門書を何冊も購入した。そして、家に帰り読みあさった。後には、母校日本体育大学や早稲田大学のソフトボール部の門を叩き、自ら勉強させてもらった。特に早稲田大学のソフトボール部総監督である吉村正先生から本物のウィンドミル投法を学べたことは大変意義深かった。しばらくは、生徒そっちのけで、私がウィンドミル投法を習得できるように、繰り返し練習してみた。自分ができないことは、生徒に教えられないからだ。そして、普通高校に再び連絡をとり、練習試合をお願いした。何とか試合を許可してくれた学校に出向き対戦するが、またまた大敗が続く。その度に試合後のミーティングで私は激怒した。

「やる気があるのか、おまえら！」

私も大敗が続くと情けなくなる。いつになったら健常者のチームに勝てるのか。それは永遠に無理なのかもしれない。もうやめようか。

ここまでずっと一人で指導していたからストレスも溜まっていた。

でも、諦《あきら》める訳にはいかない。激怒した次の日の放課後も校庭で待っている生徒たちがいる。

私が諦めたら、この子たちに誰が指導するのだと自問して再び気持ちを奮い立たせた。次の試合は、健常者のチームに勝てるはずだと。

しかし、いくら頑張っても、健常者のチームには、まったく勝てなかった。

私にも甘さがあった。知的障害者が健常者のチームに勝つのは無理だと、心の奥底で思っていたに違いない。それは、私が健常者だから、いつも健常者の視点で生徒たちを見ており、彼らに「できない」のレッテルを貼り続けていたからだろう。

そんな気持ちがある限り、知的障害者のバリアを取り除き、彼らを健常者と対等に勝負できるまでには高められない。生徒たちは、いつまでも変わらない。

その後も養護学校の大会では、快進撃が続き、ついに五連覇を達成して、同大会の記録を更新した。

だが、障害者と健常者の差は一向に縮まっていなかった。

プロ野球選手

養護学校のソフトボール大会で五連覇を達成した翌年、私は、都立南大沢学園養護学校に転勤した。この学校は、知的障害の軽度の生徒を対象にした産業技術科という学科があり、この年に開校した新設校である。私は、自分が強く希望した産業技術科の教師になった。知的障害の軽度の生徒が多く集まるこの学校で、もう一度ソフトボールに力を注ぎ、健常者チームに勝利できるチームを作り上げたい。私は、気持ちを新たにしていた。

学校のある南大沢は、東京都西部の多摩地区にあり、多摩丘陵の豊かな木々の緑が広がっている。だが、近隣の住宅は、新たな土地に公団や民間のマンション建設が進行中で、連日の工事や運搬車の出入りをよく目にしていた。私は、近いうちに豊かな木々の緑も、住宅開発に侵食されてしまうのかと、一人悲観していた。

そのような中、私は着任早々、五月の中旬に開催されるティーボール大会の準備に追われていた。ティーボールは、止まっているボールを打つ野球型のスポーツである。ボールが止まっているので、誰もが打ちやすく、バットやボールも素材が柔らかいので老若男女の誰もが手軽に野球の醍醐味を味わうことができる。私は、このティーボールを府中朝日養護学校の時に先輩教師から聞き、すぐに日本ティーボール協会の役員になった。

二月に役員に就任して、五月には大会を開催することになり、慌ただしいスケジュールだったが、障害者が多く参加する大会の実行責任者に任命され、やる気満々で準備に取り掛かっていた。

ある日、その大会に協力してくれるプロ野球ＯＢの名簿が私の手元に届いた。名簿を一読した私の目がある名前で止まった。

谷沢健一

他にも何名かのプロ野球ＯＢの名前が記されていたが、谷沢健一のインパクトが強烈だった。それだけ名簿の中で飛び抜けた有名選手だったのだ。

だが、客寄せパンダではないが、有名選手の名前を借りて、とりあえず格好をつけるパターンかもしれなかった。たかだかティーボールの大会に来るはずはないだろう。私は、そう考えていた。それだけ私にとってのプロ野球選手の存在は高嶺の花だった。

大会は、前任校の府中朝日養護学校の校庭で行われた。当日は、栄《は》えある第一回の大会を祝福するかのような、青空が広がり、気温も上昇して絶好のスポーツ日和となった。

私は、大会運営の重要な仕事を抱えていたが、朝の打ち合わせが済むや否や、本部の重鎮《じゅうちん》の人に尋ねた。

「すみません、今日はプロ野球のＯＢは誰が来るのですか」

「えーとな、〇〇と〇〇、あとは谷沢も来るよ」

（おー、このおじさん谷沢って、呼び捨てかよ。そう言えば、早稲田の野球部ＯＢだったな。自分の後輩なんだ）

私の中で、瞬時に尊敬できるおじさんへと変化していった。

谷沢健一は元中日ドラゴンズの四番バッターである。巨人ファンだった私には、あの長嶋茂雄が引退した年に、巨人の十連覇を阻止した憎き中日の主砲という印象が強かった。また、大打者なのに背番号四十一という重い番号をつけているのも何故か気になっていた。

好天の中、ティーボールの大会が始まった。開会式では健常者と障害者が多数参加して、府中朝日養護学校の校庭はぎっしりと埋まっている。ざっと見ても五百人ぐらいはいるだろう。参加者の後方にはNHKのテレビカメラも来ている。今日の昼のニュースで放送するらしい。午前の様子をもう昼のニュースで流せるのかと不思議に思っていると、参加者が少しざわついてきた。

「あれ、中日の谷沢だろ」

「そうだ、そうだ。凄いな、大会冊子に名前が出ていたけど、本当に谷沢が来たよ」

「俺、後でサインもらってこよう」

参加している子どもたちの父親が興《きょう》味津々《みしんしん》で話していた。ちょうど、自分たちが子どもの頃にテレビで見たプロ野球のスター選手の登場にみんな興奮していた。

谷沢は茶色の薄いセーターに黒系のスラックスを履いていた。右手をポケットに入れたまま、颯《さっ》爽《そう》と歩き、本部テントに近づくと軽く左手を上げて関係役員に挨拶をした。

かっこいい。

私は、少し離れたところから、その登場シーンを眺めていた。私にとってのプロ野球選手は羨望の的である。小さい頃からの憧れは、三十路になっても同じだった。特に谷沢のようにチームの主砲で活躍した有名選手となればなおさらだ。

谷沢がティーボールのバッティング指導を始めた。ＮＨＫのカメラマンと音声のスタッフが駆け寄り、谷沢にカメラを向けた。たぶん昼のニュースでは、谷沢のバッティング指導がメインに映るのだろう。やはり、テレビ局も有名人を使いたい。

私も谷沢に近づき、挨拶ぐらいはしたかった。でも、緊張して、なかなか近づけない。何か、天の上の神様に近づくような感じである。それだけ、尊い存在なのだ。

結局その日は、谷沢と一言も言葉を交わすとができなかった。

次の日に図書館で、谷沢の著書を借り、一晩で読破した。

谷沢には、首位打者二回やベストナイン、ゴールデングラブ賞の受賞を始め、数々のタイトル獲得の栄誉があり、さらには、二千本安打の達成など輝かしい実績があった。しかし、その著書には、アキレス腱の故障によって二シーズンも試合に出場できず、地獄の苦しみを経験した様子が克明に記されていた。谷沢は、その再起不能と言われた苦境から奇跡の復活を遂げた姿に、いつの日からか不死鳥の代名詞で呼ばれていた。

私は、その著書に触れることで、スターの栄光の陰に隠された、他人には決して見せることのない不屈の精神力に大きな感銘を受けるとともに、谷沢への尊敬の念を抱くことになった。

連覇の陰

新しい学校でのでソフトボールの練習が始まった。

私は、知的障害の軽い生徒が集まる学科の生徒たちに大きな期待を寄せた。

この学校は、レベルの高いソフトボールができるはずだ。

私は、前任校の府中朝日養護学校でも自分なりにソフトボールに力を注ぎ、一生懸命に指導してきたつもりであった。だが、いくら頑張っても健常者のチームにはまったく歯が立たない。無惨な大敗ばかり続いた。私にもかなりのストレスが溜まり、この学校は、知的レベルの低い生徒もいるから、健常者に立ち向かうのは無理なのだと、勝手に決めつけることもあった。唯一養護学校のソフトボール大会の連覇が私の気持ちの支えだった。

その大会で優勝する度に、府中朝日の校長や教頭、職場の同僚から賞賛の言葉を掛けられた。保護者も大いに評価してくれた。都の養護学校のソフトボール指導者として次第に一目置かれるようにもなっていた。

だが、養護学校のソフトボール大会は、どの学校のレベルも低いから、他の学校よりもたくさん練習している私の生徒たちが勝っているだけだった。

健常者と対戦したときの無惨な大敗が、生徒たちのレベルを象徴していた。下手をすると、小学生のソフトボールチームにも平気で負けるかもしれなかった。

東京都全域から学区域にとらわれることなく生徒を募集していた南大沢の産業技術科の生徒たちは、知的障害のある生徒の中でも選りすぐりの子どもたちが集まる。

私の希望していた、レベルの高いソフトボールができる。やっと苛つきながらの指導ともおさらばできる。私は、胸を躍らせていた。

練習の初日。栄えある産業技術科の一年生の内、十一名がソフトボールの練習に参加した。開校したばかりの学校だったので、その学科には、一年生しかいなかった。

ランニングと体操をした後にキャッチボールが始まった。

私は、愕然とした。

「何だ、これは」

十一名の内、まともにキャッチボールができるのは、三、四名しかいない。後は、暴投は投げるし、正面に飛んできたボールもまともに捕れない生徒ばかりである。ボールを恐がり、逃げている生徒もいた。

私は、この光景を目の当たりにして、初めてソフトボールを指導した時の府中養護学校の野球クラブの生徒たちの姿が頭に浮かんだ。ほとんどそのレベルと同じだった。

何が選りすぐりの生徒たちだ！

私は、大声を出して、そう叫びたかった。これなら、この前まで指導していた府中朝日の生徒の方が断然にうまい。そのチームと試合をすれば、大敗は確実だった。

「もう、いい加減にしてくれよ」

私は、小声で呟くしかなかった。こんなことなら、早々に普通高校に異動すれば良かった。実際に、一緒に入った同期の仲間は、ほとんど普通高校に異動していた。

私は、何か自分だけが貧乏くじを引かされたような孤独感を強烈に感じていた。

だが、目の前にいる生徒を指導しない訳にはいかない。私は、また基本的なキャッチボールの指導から始めた。そして、二、三か月経った頃に各生徒にポジションを与え、チームプレイの練習に入っていった。今までは、既にルールやチームプレイの基本を学んでいる上級生がいたから、一年生も回りに引っ張られる感じで覚えていった。しかし、今は、一年生しかいない。私が手取り足取り教えていくしかなかった。まずは、基本的なルールから教えた。フォースプレイとタッチプレイの違いを理解している生徒は、二、三人だけである。ストライク三つになったのに、いつまでもバッターボックスに入ったままの生徒もいた。

私も教えるのが面倒くさい。今までの経験から、いくら教えても分からない生徒が必ずいた。私はこういう基本的なことは、すぐに理解できる生徒たちに教えたかった。

だが、現実は仕方ない。夏休みもほぼ毎日練習を行い、生徒に教え続けた。そして、十一名の一年生だけで臨んだ養護学校のソフトボール大会は、三位となった。今まで楽に勝っていた学校にあっさりと負けてしまった。

「やはり、久保田さんが教えても、一年生だけだと勝てないですね」

他校の教師から、面と向かって言われた。

少しプライドが傷ついた。

翌年の養護学校の大会は優勝して、南大沢に初優勝をもたらした。

俺の教えたチームは、養護学校の大会では負けない。この最後の一線が私の養護学校の指導を支えていた。負けたら、何もかもが終わってしまう気がした。


養護学校のソフトボール大会で南大沢が初優勝した年の瀬、私は、当時のK校長に突然、呼ばれた。校長に呼ばれることにまったく心当たりのない私は、何も考えることなく、校長室に入り、K校長と対面した。K校長は、銀縁の眼鏡を掛け、頭は、黒々とした髪に鬢付け油をたっぷりと付けているので、黒さに光沢が出ていた。身長は、百六十センチぐらいの小柄であった。K校長は、東京都教育委員会の期待を一心に背負う産業技術科を抱えた学校の初代校長に任命され、意欲満々であった。

そのK校長が私に言った。

「来年度、普通科に行って欲しい」

私は、その言葉が信じられず、驚いて聞き返した。

「えっ、何ですか。普通科と言いましたか?」

「そうだ。校内異動で普通科に行ってほしい」

「な、何でですか」

私は、語気を強めて言った。

「普通科に行って、全校の教育課程を作ってほしい。今の教務主任は遠方から通勤しており、三年目の来年度には、たぶん異動になるからだ」

直接ではないが、暗に教務主任のポストを臭わした。

「すみませんが、お断りします」

「どうして?」

校長は、教務主任にしてやるのに何故だと言わんばかりに問いかけた。

「どうしてって、産業技術科の生徒たちにソフトボールを教えて、まだ二年しか経っていないのですよ」

「普通科に行っても続ければいいではないか。同じ学校なんだから」

(おい、簡単に言うなよ)

「同じ学校でも、教育課程がまったく違うし、普通科には障害の重い生徒も多いから、ソフトボールのできる生徒は、ほとんどいませんよ。やはり、自分の教えている科の生徒がいないとやりにくいです」

「でもな、普通科にもソフトボールでみてもらいたいという親の希望も多いんだぞ」

「だったら、普通科の生徒にもソフトボールを教えてあげますよ。何も私が普通科に行くことはないでしょう」

「だからな、最初に言ったように全校の教育課程作りをしてほしいのだよ」

「お断りします」

私は、さらに語気を強めて言った。

一般の会社では、到底考えられないであろう。上司の異動命令に対して、断る部下がいるなんて。普通は解雇になってしまう。

南大沢には生徒を全都から募集する産業技術科の他に、学校のある多摩地区を学区域とする高等部普通科と義務教育年齢の子どもたちが通う、小学部と中学部があった。

教師の中にも、教育委員会の期待を背負った産業技術科の教師はエリートで、将来管理職を目指す人が多いという意識もあった。そこから、普通科に行くことを左遷人事と捉える人もいた。ただし、南大沢の校内人事で、教頭の次の要職にあたる教務主任は最も生徒と教師の数が多く、大所帯の普通科の教師が任命されていた。

事実、私は、前任校の府中朝日養護学校を異動する前の三年間、教務主任を務めていた。その時はまだ、二十代の後半で任命されていた。当然、K校長は、そのことも知っており、私に白羽の矢を立てたのかもしれない。だが、私が強く断ったのは、別の思惑を感じていたからである。

出る杭は打たれる。

私は、前任校で養護学校の大会で五連覇を達成した頃から、新聞を始めとするマスコミに取り上げられることが多くなってきた。特に健常者に挑戦する姿を熱心に取材してくれる記者の方とも懇意になり、南大沢に転勤してからも、ソフトボールで何か動きがある度に、報道してくれた。私は、どうしても閉鎖的になりやすい養護学校やその生徒たちが報道されることで、一般の方からの彼らへの理解が深まると考えており、記者の方には常に礼節を尽くし、また次の報道に繋がるようにと心掛けていた。

「久保田さんは、南大沢の広告塔だね」

新聞に記事が掲載されると、そう声を掛けてくる教師も多くいた。

だが、そんな私を疎ましく思う人がいてもおかしくなかった。私は自分勝手な推理で、K校長はそんな人たちの声に後押しされて、私に普通科への異動を命じたのではと思い込んでしまった。

結局、私の反抗は実らず、次の年から普通科に行くことになり、何と重度の知的障害の生徒がいる学級担任になってしまった。私は、放課後のソフトボール指導を続けながら、普通科ではまだ気持ちの整理がつかないまま悶々とした日々を過ごしていた。

反　旗

南大沢で六年目の春を迎えていた。毎年のことながら、この学校は桜の木が僅かしかなく、春の訪れを視覚的に感じることが少なく残念であった。

この春から、K校長に代わり、H校長が就任した。H校長は、教育委員会に長くいたと聞き、少し堅い人かなと邪推していた。だが、着任早々から、毎朝、校門や昇降口の周辺を自ら箒《ほうき》とちりとりを持って掃除をしたり、朝のホームルームの時間帯には、各教室を回って生徒によく声を掛けていた。またH校長は、校庭にも頻繁に足を運び、ソフトボールの練習もよく見てくれた。

練習を見終えたH校長が持ち前の甲高い声で私に話し掛けた。

「いやー、久保田先生、ソフトボールの子どもたちは、よく頑張っていますね。先生の指導の賜ですよ。私が教育委員会にいた時も南大沢のソフトボールの活躍は、よく話題になっていましたよ。今度、先生の労にも報わないといけませんね」

このH校長の話を聞き、私も素直に嬉しかった。同時に、この五年間南大沢で鬱積していたものが一気に晴れていくのを感じた。誰でも自分が評価されることは、素直に嬉しいだろう。私も同じだった。

よし、頑張ろう。また優勝するぞ！

新たに気合いが入った。

そして、六月のある日、いつものように放課後の練習を終え、職員室に戻ろうとしている時にH校長に呼び止められた。

私は、校長室に入り、H校長と対面した。H校長は、少し笑顔を交えて話し出した。

「いつも遅くまで、生徒指導ご苦労様ですね」

H校長は、いつ話しても必ず労いの言葉から入る。そして、ソフトボールをしている生徒の話を一通り終えると、急に真剣な表情になった。

「ところで久保田先生は、管理職試験を受けるつもりはありませんか。今年から、三十代の前半から試験を受けられるように制度が変わったのはご存じでしょう」

「はい、確か若い人は、受かった後に現場を離れて五年間の研修ですね」

「そうです。その五年間の研修を終えると、現場に戻り教頭になりますね。先生の年齢だと、ちょうど今年から受けられると思いますよ。新制度になって最初の年、先生のような若くて頑張っている人に是非挑戦してほしいと思いますが、どうですかね」

私は、H校長からの誘いが素直に嬉しかった。

この頃私は、養護学校の生徒たちにソフトボールを教えて、十二年目を迎えていた。教え始めた時は、ただがむしゃらに指導して、養護学校のソフトボール大会で連覇を果たしてきた。しかし、健常者のチームにはいくら頑張ってもまったく歯が立たない。生徒たちの向上心の無さに、私もストレスが溜まり、苛つきながらの指導を繰り返している日も多くなった。そして、意気揚々と転勤した南大沢でも、生徒のレベルは予想よりも低く、私の目指したレベルの高いソフトボールには、到底及ばなかった。だが、私にも養護学校のソフトボール指導者としてのプライドがあり、私の率いているチームは簡単に負ける訳にはいかなかった。事実、開校から二年目で養護学校のソフトボール大会で優勝した時は、回りからも賞賛された。

「まだ、三学年揃ってないのに、優勝するところが凄いね」

そんな、私の喜びもつかの間、その年にK校長から普通科への校内異動を命じられてしまった。私の意欲も少しずつ低下していた。

何か、新たな目標を見つけて、突き進みたい。

そんな時のH校長からの誘いだった。

「はい、頑張ってみたいので、ご指導よろしくお願い致します！」

その場ですぐに返事をした。挨拶をして校長室を出ると、いつもの見慣れた廊下が急にもやもやとした霧が晴れたように、透明度が増したような気がした。

私は、若くして管理職になっている自分の姿を勝手に想像して、思わずにんまりとしていた。

それからの私は、ソフトボールの練習を一緒に指導していた産業技術科の教師に任せ、放課後の練習にほとんど出なくなった。気持ちが管理職試験に向いてしまい、練習に参加する意欲が薄れていた。試験に受かったら、学校外に長期研修に出ることになり、ソフトボールの指導もできないという思いもあったからだ。

生徒の練習は、時々三階にある教室のベランダから眺める程度だった。私が練習を見ていると、校庭から一人の生徒が大きな声で話し掛けてきた。

「先生、最近、全然練習に来ないじゃないか」

「あー、いろいろと忙しくてなあ」

「そんなんじゃ、今年の大会は負けちゃうよ」

「大丈夫だよ。○○先生の言うことをちゃんと聞けよ」

言われた生徒は、つまらなそうな顔をして再び練習に戻っていった。

その年は、夏休みから練習に参加した。ここまで、他の教師に指導を任せていたが、夏休みの練習からは、私が勝手に指揮を執った。

養護学校の大会では、負ける訳にはいかない。私は、その大会で優勝するために必要な練習のみ行った。今までの指導で蓄積したものを引き出して教えるだけで、養護学校の大会は何とかできる自信もあった。昨年優勝したメンバーもそのまま残っていたので、実力的にも優勝できるはずであった。

　私は、猛暑の中の練習を終えると、そのまま校長室に出向き、校長や教頭らと管理職試験の勉強会に参加した。論文の勉強が中心であったが、H校長からは東京都の教育行政についての講話も何度かあった。さらに夜は、校長会が中心になって開催している勉強会に参加したこともあった。これには他校からも管理職試験を受ける教師が多く参加していた。顔見知りの教師に会うと、何となく気恥ずかしい。

「えっ、久保田さん、試験受けるの！」

　どうも私は、そういうタイプに見られてないらしい。また私が管理職試験を受けることが、他校の教師から話題になり、南大沢に話が伝わるのも嫌だった。事実、私は、管理職試験を受けることを、南大沢の教師には誰にも話していなかった。

　落ちたら、格好悪い。

「えー、久保田さんって、そっち向きなんだ」

　そう、同僚教師から揶揄《やゆ》されるのも嫌だった。今までソフトボールの指導に情熱を掛けていたのを一気に否定されるようで。

　そして、八月中旬の管理職試験の日を迎えた。会場は、都内の高等学校だった。

　会場に入り、まず驚いたのが受験者の数だ。その会場だけで千人は優に超えていたであろう。

「凄い人だな」

私は、呟いた。同時に、これだけの人数が受験して、何人合格するかは分からないが、いずれにしても、単なる駒の一人になるのではないかと、一瞬不安が過ぎった。

試験は、午前中に教育法規関連、午後に論文があり、午後の三時頃に終了した。

これは、合格だ。

素直にそう思った。教育法規も論文も自分なりに、よくできたと思う。自信があった。

試験会場を出た時に真夏の青空を見つめて思った。

あー、これでソフトボールも終わりだ。今度の九月の大会が最後だと。

迎えた九月の養護学校のソフトボール大会。圧倒的な強さで優勝した。一年生の時に、徹底的にウィンドミル投法を練習したエースピッチャーが大きく成長し、この大会では、自分で覚えた変化球も投げ、完璧なピッチングを披露した。今回の優勝は、昨年に引き続きの連覇となり、南大沢は、開校六年目にして、四回目の優勝を達成した。

有終の美を飾れてよかった。

優勝を置きみやげにして、現場を去るのだ。私は、試合が終わった後のグラウンドを眺めて、一人感傷に浸っていた。

そして、年の瀬を迎えた十二月下旬、H校長から自宅に電話があった。前日にH校長から、明日管理職試験の結果が出るので、自宅に電話する旨の話を聞いていた。

「あー、久保田先生ですか、校長のHです」

いつもの、甲高い声だ。

「今、管理職試験の結果が出ましてね」

「はい」

「今回は、残念な結果になりました」

「えっ」

私は、予想していなかった結果に驚いた。

「えー、私も先生は、合格すると思っていたんですけどね。また、来年頑張ってください」

電話が切れた。

ショックだった。

しばらく、放心状態が続いた。

これは、野球の神様の仕業《しわざ》に違いない。

神様は言った、まだまだ養護学校の生徒に教えないと許さない。

私は、自分勝手に解釈した。単に自分が馬鹿なだけなのに。

次の年の夏も管理職試験を受けた。またまた不合格だった。

この年は、まったく試験に向けた勉強をしなかった。戦意喪失だった。熱心に誘ってくれたH校長に義理立てして受けたような感もあった。

もう、止めた。

その頃、私に対する批判を耳にするようになった。

「久保田は、おいしいとこ取りだ」

今まで、ツーカーの関係で指導していた産業技術科の教師が前年に異動してしまい、残った教師とは、練習をしていても何となくぎくしゃくしていた。

その年の養護学校のソフトボール大会も優勝し、三連覇を果たして通算五回目の優勝となった。その結果の記事が新聞紙上に流れた。馴染みの記者が取材をしてくれるので、すべて私のコメントが載る。新聞記事を読んだ人は、私の業績に大きな評価を与えてくれた。

「ろくに練習にも出ないくせに」

また、陰口を叩かれた。

この年も私は、毎日の放課後の練習はあまり参加せず、夏休みから指揮を執るようになっていた。自分の科の生徒が多く参加している産業技術科の教師から見れば、面白くなかったのであろう。自分たちが毎日練習を見てきたのに、ちょっと出てきては目立っていると。

そしてついに、反旗を翻《ひるがえ》されてしまった。

私は、今までレギュラーだった選手に直接言われた。

「久保田先生は、すぐに嘘をつくから、信用できない。もうソフトボールはやらない」

なぜ、その生徒は私にそんなことを言ったのか？

確かに私は、管理職試験を受けることをよいことに、練習に出なくなり、夏休みから参加して、勝手に指揮を執ったりしてきた。そこには、今までの自分の実績を過信していたこともある。何回も優勝させてきた指導者としての傲《おご》りもあっただろう。すべて自己中心的に進めていた私がいけなかった。だが、生徒に対して嘘を言ったことは絶対にない。

しかし、私に不信感を抱いてしまった生徒の気持ちは変わらなかった。

エースピッチャーとレギュラーキャッチャーを含め、今まで中心選手だった生徒が去っていった。産業技術科の生徒でも保護者が私の指導を高く評価してくれた何名かは、ソフトボールを続けてくれた。だが結局、普通科の生徒と合わせて、十一名しか残らなかった。主力の抜けたチームは、一気にレベルダウンした。

何くそ！

この時、私の闘争心に火がついた。このメンバーで絶対に養護学校のソフトボール大会で優勝してやる。

その日から、猛練習が始まった。私は、毎日の放課後に練習に出て指導をした。今まで一緒にやっていた産業技術科の教師は、みんな指導を離れていった。私は孤軍奮闘して指導するしかなかった。とにかく練習に明け暮れた。職員会議や学年会議など、これまでは練習を休みにしていた日も会議に出ず練習を行った。夏休みは、それこそ連日の地獄の特訓が続いた。

絶対に負けない。その一心だった。

そして、猛練習に耐えた生徒たちが九月の大会に挑んだ。

大会はすべての試合に苦戦を強いられたが、見事に決勝戦まで進み、最後に栄冠を勝ち取ることができた。

南大沢学園養護、四連覇達成！

翌日の新聞記事に生徒の頑張りが報道された。私も優勝の瞬間には、大きなガッツポーズをして喜びを表現した。応援に来た保護者もみんな泣いていた。子どもたちが一生懸命頑張っているのを心から支えていた親の涙だった。

私は、改めて確信した。

やっぱり、俺には野球の神様がついていたのだと。

〝まだソフトボールでやり残したことがあるだろう〟

また、野球の神様が私に微笑みかけてくれた。

第二章　光

変化

歓喜の中、四連覇を達成した翌日、私は、生徒と一緒に南大沢学園養護学校の和室でくつろいでいた。さっきまで、ささやかな優勝祝賀会を開催して、みんなで盛り上がっていたのだ。ちょうど、その盛り上がりも一段落したところであった。

その私のそばにキャプテンの生徒が笑顔で近づき、話し掛けてきた。

「先生、俺、今年は優勝できないと思ったよ。○○と○○がいなくなってさ。でも一生懸命頑張れば、優勝できるんだよね。俺、頑張ってよかった。俺たちだけでも、やればできるんだよ。先生、どうもありがとう！」

私は、このキャプテンの言葉を聞いた瞬間、一気に肩の力が抜け、心の重しが急激に取れていくのを感じた。

私は、今まで何とくだらないことに片意地を張っていたのだろうか。この間は、他教師とのトラブルがあり、その怒りの矛先をソフトボール向けていただけだ。生徒たちは、私の不満を解消するための一つ道具のように扱わていたのかもしれなかった。

私は、猛省した。

ソフトボールは、生徒のためにやらなければ駄目だ。

不思議なもので、そう気持ちを入れ替えてからは、その後の練習でも気楽にソフトボールができるようになり、余計なプレッシャーからも解放されていった。

私は、練習前の時間やウォーミングアップの時に自然と生徒に冗談を飛ばすようになっていた。

「何か、久保田先生、最近変わったよなあ」

生徒の囁《ささや》く声が聞こえた。

気のせいかも知れないが、次第に笑顔で練習に参加する生徒も増えているようだった。さらに今までのように私から押しつける指導も改善した。できるだけ生徒たちから出てきたものを吸い上げて、そこを伸ばそうと考えた。

練習でも基本的なことは教えるが、後は、しばらく放ってみた。すると面白いもので生徒たちもキャプテンを中心に自分たちで考えることが多くなっていった。

それでもうまくいかないと、私に聞いてくる。

「もっと自分たちで考えてみなよ」

知的障害のある生徒には、一番難しいことを要求するが、私が笑顔で投げかけると、生徒もリラックスして考えられるようだ。

そして何とか、自分たちでやってみようとする。そうして、自分たちで考えたことは、彼らの身に付くことが多い。押しつけられたことは、短期間だと続けられるが長続きしなかった。

私は、遅ればせながらそのことに気付いたのだ。


次の年の春に菊山幸助（仮名）という生徒が入学してきた。

菊山は、地元の中学に通い、健常の生徒たちと同じ普通学級に在籍していた。だが、中学一年の後半から、クラスメートにいじめられるようになり、クラスに入れなくなってしまった。しばらくは、保健室登校を続けていたが、それも長続きせずに、不登校になった。中学二年の後半からは、ほとんど学校に通うことなく、不登校状態のまま、南大沢の高等部普通科に入ってきた。

入学式で菊山と初対面した。その異常に痩せた姿と、げっそりと頬《ほお》が痩《こ》けた顔に少し不気味さも感じたが、菊山本人から私に、ソフトボールをやりたいと申し出があった。

最初は、あまりにも貧弱な身体を見て、練習に付いていくのは無理だからと入部を断ろうと思ったが、菊山のかっと見開いた大きな目と本人の意欲に圧倒され、入部を許可してしまった。

入部当初の菊山は、水を得た魚のように、元気いっぱいに校庭を走り回っていた。中学時代の抑圧されていた生活から開放された喜びを全身で表現していた。

そして、迎えた夏。その年は七月早々から記録的な猛暑となった。元々体力のない菊山は、暑さと同時に見る見るうちに体重が減っていく。今までよりもさらに貧粗な風貌になっていった。

私は、菊山の衰えていく姿を見かねて、菊山の担任教師に授業の合間の補食をお願いしたり、給食の余り分を回して食べさせるように頼んだ。

そのようなこととの繰り返しで、何とか一学期までの練習は参加していた。だが、夏休みの練習に入った途端に休んでしまった。

夏休み練習の初日、菊山本人から電話があった。

「もしもし、菊山です」

今にも泣きそうなか細い声である。

「すみません。何か今日、頭が痛くて練習を休みます」

私は、ついにきたなと菊山の声を聞いて悟った。精神的に辛くなったのだと。

「そうか、今日は無理か。明日は、大丈夫そうだったら練習においで」

私は、やんわりと菊山に話した。

次の日の朝も菊山から、同じような電話があった。

私は、菊山の練習欠席が一週間ぐらい続いた頃、家に行って無理矢理にでも本人を引っ張って練習に参加させようとしたが、止めた。母親の話によると、菊山は、自宅アパートの押入の中に入り、この暑いのにフード付きのパーカーを頭からすっぽりと被って一人籠もっているという。かなり精神的に辛いのだろう。こんな状態の生徒を無理に連れだしても効果はないと考えた。

その内、菊山からの朝の電話もなくなってきたので、私は、一週間に一度ぐらいのペースで電話してみることにした。

「あー、先生だけど、昨日の巨人の試合見たか？」

「えっ、き、きょじんですか」

菊山は、私から練習に出て来いと言われると思っていたのだろう。明らかに拍子抜けの声だった。

「そうそう、劇的なサヨナラ勝ち。なーんだ見てないのか。残念。せっかく感動を共に語ろうとしたのによう」

「す、すみません」

「そうか、じゃあ、今日の試合は見ろよなあ、連夜のサヨナラ勝ちかもしれないからな」

「はあ」

「じゃあな。また、その内に電話するから」

「あの、先生」

「なんだ?」

「練習に行けなくてすみません」

「あー別にいいよ。おまえがいなくても、今のところ大丈夫だからさ。元気になったらまた来いよ」

「…」

少し菊山のプライドが刺激されたかもしれない。

私は、あっさりと電話を切った。

「じゃあ、またな」

その後も菊山のことは放っておき、たまに電話でたわいない話をするだけにした。

結局菊山は、夏休みの練習に一回も参加しなかった。

そして、迎えた二学期の始業式。菊山は少し遅刻したものの、登校してきた。私と廊下ですれ違うが、目を合わせようとしない。菊山は、夏休みの練習をすべて休み、後ろめたいのだ。

下校前に、菊山を私の教室に呼び出した。

菊山が暗い表情で教室に入ってきた。

「おう、そこの席に座れや」

「はい」

「今日は、お弁当持ってきたか？」

「はい、おにぎり二個」

菊山は、下を向いたまま、か細い声で言った。

給食のない始業式の日に、おにぎりを持ってくるのは、午後の練習に出る気になっている証拠だった。

「お母さんに作ってもらったのか？」

「いいえ、自分で作りました」

「そうか、今日は一時から練習だからな」

私は、あっさりと言った。

「はい！」

菊山は、顔を上げて、目の前にいる私に向かって、元気よく返事をした。

その日の放課後から菊山は、風邪で体調を崩した日以外は、ほぼ毎日練習に参加した。そして、二年の時に正捕手となり、常時、試合に出場するようになった。

田池成一（仮名）という生徒もいた。

田池は、菊山と同じ学年だが、一年遅れてソフトボールを始めた。田池は、両親が早くに離婚して、母親が一人で育ててきた。そんな田池は、中学校に上がるとクラスメートからのいじめが原因で不登校になり、家に引きこもりとなってしまう。中学二年の後半から、家で母親に暴力を奮うようになった。さらには、母親に包丁を付き出し、大暴れした。母親の叫び声を聞いた近所の人が警察に通報して、田池は、そのまま警察に連行された。そして数日後に、都内の精神科の病院に行き、そこで三か月の入院生活を送ることになった。

田池は、軽度の知的障害による適応障害及び行為障害と診断された。田池は精神科の病院の北棟に入り、そこから病院内にある院内学校に通った。

田池は、ソフトボールを始めてからも、自分の苦手なメニューになると、学校から走って逃げ出し、家に帰ってしまった。普段の授業でも、担任に少し怒られただけで、教室を飛び出し、家に逃げる。学校から連絡を受けた母親が、田池に事情を聞こうとするだけで、母親を鋭い目つきで睨み付け、威嚇したり、罵声を浴びせた。母親は、中学時代に目の前で包丁を突き出されたことがトラウマになり、家では、すべて田池の言いなりになってしまった。

田池が学校から逃げ出した日の夜、母親から電話が掛かってきた。

「すみませんが、練習でやるダッシュが嫌なんだそうです。成一だけダッシュは無しにしていただけないでしょうか?」

「それは、駄目ですね」

「でも、そうしていただけないと、練習に出なくなると思います」

「それは、仕方ないですね」

「えー、それは困ります。普段家に帰ってから、私といると苛つくことが多くて、また暴れたりしたら困ります。何とかなりませんか？」

「みんなと同じメニューで参加するしかないですね」

私は、冷たく対応したが、心の中では、母親にエールを送っていた。お母さんが頑張らないと、誰が田池を再生させるのかと。本人の言いなりになっては駄目なんだと。

私はそんな田池を見て、父親からの愛情を得られないのが、本人の心が満たされない最大の要因ではないかと考えていた。

この子には、少ししつこく対応してみようか。菊山は、放っておいて功を奏したが、田池とは、性格や育ってきた環境が違う。その子によって対応を変える必要があった。

私は、田池が学校を休んだ日は、毎回、家に迎えに行った。田池の家は、学校から歩いて二十分ぐらいの団地である。朝九時半ぐらいに田池の家に着くが、母親は既にパートに出ており、家の中には、田池しかいない。玄関にあるインターフォンを押すが、応答はなかった。玄関の横にある磨りガラスの中が田池の部屋だった。私は、磨りガラスの縁に足を掛けてよじ登り、上部に付いていた出窓を開けてみた。運のよいことに鍵が掛かっていない。その出窓から田池の部屋を覗《のぞ》く。田池は、布団を被って寝ていた。小さな出窓からは、部屋の中に入ることはできない。

私は、出窓から覗いて、田池に声を掛けた。

「おい、迎えに来たぞ。一緒に学校に行こう」

「…」

田池は、布団を被ったまま、微動だにしない。

何度も声を掛けてみるが、同じである。

こんな私の様子を誰かに見られたら、まさにこれから空き家に侵入する泥棒の態であり、警察に通報されたかもしれない。それでも私は、その泥棒みたいな田池家の訪問を何回も試みた。

だが、田池の逃避行動は、一向に改善しなかった。

ある日、私は、荒治療を試みることにした。この日も田池は、学校を休んでいた。もう連続欠席も五日を数えた。私は、夕方の六時半頃に母親の携帯にこっそりと電話を掛けた。

「あの、これからソフトボールの生徒を何人も連れて、田池家を訪問します。すみませんが、この電話があったことを田池君に悟られないようにして欲しいのと、家の玄関の鍵を私たちが来るまでに空けておいてください」

私は、練習が終わったばかりのソフトボールの生徒を連れて、学校そばのスーパーマーケットでお菓子やジュースを大量に買い込み、田池家に向かった。

田池家に着くと、私は、不安そうな顔をしている生徒に小声で話し掛けた。

「おい、これから全員で一気に田池の家に入り、家の中で田池も入れて宴会をするぞ」

「えー、そんなことして大丈夫ですか？」

菊山が不安そうな顔で聞く。

「先生だって、やってみないと分からないんだよ。いいか、おまえらはな、笑顔で元気よく、明るく振る舞えよ。明るくだぞ！」

「おー、面白いじゃん。みんなで田池を驚かしてやろうぜ！」

三年のエースピッチャーが嬉しそうに話した。

そして、ドアを勢いよく開け、田池家の中に進入する。私は、すぐに会った母親に目配せをして、心の中で後はお任せくださいと合図した。

私が元気よく、第一声を揚げた。

「おーい、田池。何だこんな所でパソコンいじってるのか。おまえが学校を休んでばかりいるから、みんなで励ましに来たぞ！　今から宴会だぞ。宴会！」

田池の目が点になっている。目の前に起きている状況がまったく理解できないのだ。

「さーさー田池。そんな所にいないで、こっちに来いよ」

私は、田池の腕を掴《つか》み、食卓へ移動させた。田池は渋面《じゅうめん》を作り、投げやりな態度で椅子に座った。その間にソフトボールの生徒たちが手際よく、お菓子の袋を開け、ジュースを紙コップに注ぐ。椅子に座りきれない生徒は、食卓の周りで立ったままだ。

「さあ、準備ができたか。じゃあ乾杯だ。乾杯！」

私は、元気よく言った。

「乾杯！」

田池以外の生徒が元気良く唱和した。

田池は、心底嫌そうな顔をしている。私は、この場から田池が逃亡しないか本気で心配していた。だが、私の心配は無用だった。

三年のエースピッチャーが田池の背中を叩きながら、笑顔で話し掛けていた。

「おい、田池。学校休んでるの長すぎるぞ。練習だけでもいいから来いよ。俺だって、最初は走るのが大嫌いで、泣きながらやったんだ。自慢じゃないけどな」

「そうだよ。おまえが来れば、俺がダッシュでビリにならなくて済むんだぞ」

菊山も笑顔で話し掛けた。

少し田池の表情が柔和になった。

その後は、生徒同士のたあいない話が延々と続き、気が付くと九時をとっくに過ぎていた。生徒たちは、さんざん飲み食いをした挙げ句、田池のパソコンを囲み、みんなでテレビゲームに興じていた。そのやり方を説明したり、見本を示しているのは田池だった。最初の暗い表情は、どこかに吹き飛んでしまい、笑顔でチームメイトに話し掛けているではないか。私は、その田池の様子に少し安堵した。

その日は、生徒の帰宅が遅くなってしまったが、生徒たちは、田池家から駅に向かって歩く道中、大きな声でとても楽しそうに話していた。その輪の中には、自分の自転車を押しながら一緒に歩いている田池の姿もあった。

翌日、田池は、学校に遅刻してきたが、放課後の練習には参加した。

私は、円陣を組んだ全員の前で田池に声を掛けた。

「なんだ、もう来たのか。今日も休むと思って、またおまえの家で宴会をしようと思ってたのによ」

「そうだ、そうだ。今日も宴会したかったのに！」

三年のエースピッチャーが、ジュースを飲む真似をしながら話した。

「もう勘弁してください。懲り懲りですよ」

田池が頭を掻きながら言った。

田池は、その年秋の養護学校ソフトボール大会に二年生ながら四番として出場し、一回戦の最初の打席で、ど真ん中に来たストレートを思いっきり叩き、満塁ホームランをかっ飛ばした。

野球

菊山幸介と田池成一らの活躍で六連覇を達成してから約一か月が経った十月の中旬、私は所用があり、自家用車を運転して、都内の幹線道路を走っていた。車内のデジタル時計は、夜の九時を示していた。

すると突然、車のサイドブレーキと連なるコンソールボックスの上に置いてあった携帯電話が鳴った。私は、視線を携帯電話に移し、その液晶画面に印された着信名を確認する。

谷沢健一。

私は、急遽、車を左車線に移し、そのまま路肩に停車させた。

一瞬、私に不安が過ぎった。この電話は、谷沢が一週間後に控えたティーボール大会に来られなくなった連絡なんだと。谷沢に急な仕事が入ったに違いない。そのティーボール大会は、南大沢学園養護学校から歩いて十五分ぐらいの野球場で開催される予定だった。私は、谷沢にその大会のゲストを依頼していた。

府中朝日養護学校で開催されたティーボール大会で谷沢を初めて見た日から、ちょうど十年が経っていた。この間、谷沢は、毎年春と秋に開催される、障害者と健常者が一緒に参加するティーボール大会に、ほぼ毎回ゲストとして参加していた。回を重ねる内に、私も谷沢と挨拶を交わすようになり、少しずつその懐に入り込むようになっていた。

「久保田君、ちょっと」

谷沢に会ってから、三年目の秋の大会だった。谷沢の方から私の名前を呼んでくれた。

やった！　名前を覚えてもらったぞ！

一人で感動していた。

さらに調子に乗った私は、南大沢のティーボールの授業に谷沢をゲストティーチャーとして呼べないかと考えた。私は、その頃に新たな試みとして注目を浴びていた「総合的な学習の時間」を活用しようとした。

私の図々しい依頼に、谷沢はすぐに快諾してくれた。

初めて、南大沢に来校してもらい、校長室で谷沢と対面した時は、本当に緊張した。これまでにティーボール大会の会場で会っている時は、まだ回りの喧噪《けんそう》に少しごまかされている感があったが、静かな部屋で面と向かうと、急に幼い頃の野球少年に戻ってしまう。

そんな中でも、谷沢はいつも笑顔を絶やさず、時には、冗談も飛ばしながら、場を和ましてくれた。また、実際のゲストティーチャーとしても、養護学校の生徒たちをうまく乗せて話す饒舌ぶりは、大したものである。中日を引退後、プロ野球の解説やテレビのコメンテーターとしての仕事を多く抱え、慣れているとはいえ流石であった。

その谷沢と養護学校の生徒がティーボールで交流する姿を見た近隣の財団の担当者が、自分たちの運営している野球場で地域の人たちと障害者が一緒に参加するティーボール大会を開催したいとの申し出があり、私が橋渡しをする形で、この秋も谷沢にゲストを依頼していた。

私は、車のサイドブレーキを引き、急いで電話に出た。

「あー、谷沢ですけど」

「ど、どうも、いつもお世話になっています」

緊張で少し声が上擦っている。

「今度のティーボールは、来週の土曜日だったよね」

「はい、ご予定の方は、大丈夫ですか?」

私は、不安を隠せない。

「あー、大丈夫だよ。朝の九時からだったよね」

「はい!　お忙しいとは思いますが、よろしくお願いします!」

(良かった。キャンセルの電話ではない)

「ところで、今日は、久保田君に頼みがあってね」

「はい」

私は、運転席に座りながらいずまいを正した。

「今度ね、ＮＰＯ法人の組織を作ろうと思ってね。その組織で、硬式野球チームを中心にして、ティーボールやソフトボールもやろうと思うんだよ。野球型のスポーツを好きな人が集まるコミュニティーを作るんだ。久保田君にそのＮＰＯ法人の役員にをやってもらいたいのだが、協力してくれないかな」

「はい、喜んで協力させていただきます」

断る訳がなかった。

「そうか、ありがとう。細かいことは、また連絡するから、よろしく頼みますよ」

「はい、こちらこそよろしくお願いします」

私は、谷沢に一つ聞いておきたいことがあった。

「すみません、谷沢さん、今まで務めていた西多摩クラブはどうされたのですか？」

谷沢は、二年前に社会人硬式野球チームの西多摩クラブの監督に就任していた。

「あー、西多摩はね、この前の東京都予選を最後に辞めたよ。今度のＮＰＯ法人で新たなチームを作るからね」

その年の十二月、「谷沢野球コミュニティー千葉」が発足した。同時にＮＰＯ法人への加入申請も進めることになった。

そして、谷沢の生まれ故郷である、千葉県柏市を本拠地とする、硬式野球クラブ「YBCフェニーズ」もスタートした。谷沢のY、野球（ベースボール）のB、コミュニティのCを頭文字に取り、フェニーズは、谷沢の現役時代の代名詞である不死鳥＝フェニックスの雛鳥を意味する造語を谷沢自らが考えて命名した。

私は、そのフェニーズのコーチにも就任した。

私は、大学以来の硬式野球に興奮していた。さらにその興奮に輪を掛けたのが、あの大打者谷沢健一と一緒に野球ができることであった。

フェニーズの初練習は、十二月二十五日に予定されていた。私は、自宅の押入の奥に眠っていた硬式野球ボールを取り出し、久しぶりに触ってみた。

「小さいな」

私は、呟いた。

いつも使っているソフトボールの半分ぐらいの大きさに感じられた。だが、十八年ぶりの硬式野球ボールの感触は、私の中に眠っていた野球の心を再び呼び起こした。

小学校三年生でリトルリーグに入って、初めて触った硬球野球ボール。四十歳を前にした私の心も当時の野球少年に返った。

私は、そのボールを学校に持っていき、生徒のソフトボールの練習が終わった後に、一人でノックの練習をした。幸いノックバットは、硬式用の物だったので、そのまま使うことができた。

校庭で、一人ノックの練習をする私を見て、ソフトボールの生徒が話し掛けてきた。

「先生、そのボール、硬球でしょう。プロが使うのと同じなのか？」

「そうだよ。ほら触ってみろよ、硬いぞ」

私は、生徒に硬球を渡した。

「おー、本当だ。硬いや、凄いなあ。でも先生は、何で、硬球でノックの練習をしてるんだよ」

「今度な、谷沢先生のチームでコーチをすることになったんだよ。うまい選手ばかりが集まるチームだから、ノックも上手にできないと格好悪いだろ」

生徒は、毎冬にゲストティーチャーとして来校している谷沢のことを、みんな谷沢先生と呼んでいた。

「そのチームは、プロ野球なのか？」

「いや、プロではないけど、社会人の日本一を目指すんだぞ」

「日本一か、凄いね、先生！」

驚きの表情のまま生徒は去って行った。私は、その生徒の後ろ姿を横目に、再びノックの練習を始めた。一人でキャッチャーフライを上げては、ボールの落ちたところに拾いに行き、また同じことを繰り返す。端からみたら、いい年をした人のくだらない遊びに見えるだろうが、私は野球ができる喜びに一人で浸っていた。

そして、初の合同練習日を迎えた。場所は、谷沢の母校早稲田大学の東伏見グラウンドである。冬晴れの青空が広がる中、私は、久しぶりの硬式野球を前にして、気持ちの高まりを押さえるのに必死であった。選手ではなかったが、野球のできることが素直に嬉しかった。それもあの谷沢健一と一緒に。

集合時間の朝九時に早稲田大学に着き、そのまま控え室となっている東伏見の教室に向かった。教室には、既にYBCフェニーズの新メンバーが三十人以上集合していた。みんなジャージ姿であったが、何人かは、既に着替えを済ませて、練習用のユニフォームを着ていた。

私が教室に座わり、しばらく選手の様子を眺めていると、谷沢が入ってきた。

ほぼ全員の選手とスタッフが一斉に立ち上がり、谷沢に挨拶した。

「おはようございます！」

あまりの声の大きさに、思わず日体大の野球部時代を思い出した。

谷沢は、軽く左手を上げて、笑顔で選手に挨拶を返す。そして、その笑顔のまま、私の所に近づき話し掛けてくれた。

「久保田君、朝、早くからすまんね。今日からよろしく頼むよ」

「はい、こちらこそ、よろしくお願いします！」

私は、速やかに椅子から立ち上がり、背筋を伸ばして言った。

練習の始まる前に、全員がグラウンドに集合して円陣を組む。

谷沢が挨拶をした。

「今日から、新たにYBCフェニーズがスタートする。このチームは、既にみんな知っているように、トップチーム、セカンドチーム、サードチームまである。先日行われた二回のトライアウトを見て、野球の能力別にチームを編成した。だが、このフェニーズで一番大切なことは、それぞれが野球を自分から率先して楽しむことだ。そして、各自が自ら積極的に動いてほしい。私は、そういう野球チームを作りたい。そういうコミュニティーを作っていきたいのだ」

谷沢の熱弁が続いた。

「だが、その中でも、トップチームは都市対抗の出場や全日本クラブ選手権の優勝も目指す。さらには、うちの選手からもプロに進む選手も出していきたい」

一瞬、選手の顔が引き締まり、目が輝いた。

トップチームの選手には、企業チームで活躍していた選手やプロ野球志望の選手も多い。それぞれが谷沢健一というビッグネームに惹かれて入ってきた。このチームなら、プロ野球選手も夢ではない。

年が明けた一月から本格的な練習が始まった。クラブチームの練習は基本的に毎週末の休日に行う。平日はそれぞれの職場で仕事をする。私も一月から毎週の練習に参加するようになった。いつも休日に生徒のソフトボールの練習を行っていたので、休日に出かけて行くのは、さほど苦にはならなかった。だが、生徒の練習は、土曜日か日曜日のどちらかは休みにして、生徒の休養日に充てていた。フェニーズの練習に参加するようになってから、私の休日はまったく無くなってしまった。流石に、一月末の頃になると、疲れが溜まり始めた。特に月曜日の朝はしんどい。寒さも重なり、布団から起きるのが辛く、仕事をさぼろうかと思う日もあったが、気持ちを奮い立たせて職場に向かった。

そして、平日の放課後は、今まで通りにソフトボールの指導をした。一月の休日は、私がフェニーズの練習に集中していたので、生徒の練習は、休みにしていた。休日の練習が無くなり、力の有り余っている生徒たちは、私が校庭に出て行くともう勝手にキャッチボールを始めていた。そんな生徒の姿を見て、少し申し訳なく感じてしまった。

だが、大きな収穫もあった。

土曜日と日曜日に谷沢がフェニーズの選手たちに指導する。私は、コーチという立場ではあったが、谷沢が選手にバッティングやフィールディングの基本を指導している内容を一言も漏らさないように聞き耳を立て、メモを執った。地域で何年かに一回開催される、元プロ野球有名選手を招いた野球教室を毎週受講しているようなものだった。私は、選手に教えるよりも自分が野球を学ぶことを優先した。特に、谷沢のバッティング指導は、大いに参考になった。谷沢は、現役時代の自分のバッティング理論である「セパレーション」を選手に教えていた。セパレーションとは、打者が投手の投げたボールを待つ型だ。打者が待球時に、上半身と下半身を逆方向に引き合い、そしてボールを引きつける。谷沢は、そういう身体の動きを選手に指導した。だが、選手たちは、すぐにはうまくできない。今までの高校や大学の指導者から学んだものとは違う、レベルの高い打ち方に身体が付いていかなかった。

すると、谷沢が選手に声を掛ける。

「ちょっと、バット貸してみな」

その選手が自分のバットを谷沢に渡す。

「ここに、軽くボールを上げてくれ」

谷沢がバッティングの構えをしながら言った。

「はい」

選手が谷沢に向けて軽くボールを投げた。

バシッ！

谷沢がそのボールを木製バットで叩いた音がグラウンドに響いた。さっきまで打っていた選手のそれとは明らかに威力が違っていた。

「凄い」

選手は次に投げようとしていたボールを持ったまま呟いた。

「いいか、よく見てろよ。ここでな、こうやって身体を捻《ひね》ってな、ボールを待つんだ。それから身体の力を生かして、ボールを叩くんだよ。さあ、もう一丁来い」

バシッ！

谷沢は、その選手に何度も見本を示しながら、教えている。

自然と谷沢の回りに他の選手やスタッフが集まってきた。その中の年長者のスタッフが囁いた。

「あの打ち方、懐かしいなあ。現役時代のままだよ」

私も谷沢のバッティングに見とれてしまった。単なる一人の野球ファンだった。

早速私は、次の日に学校の練習で田池成一を掴まえた。

「おまえな、こうやって構えて打ってみな」

「こ、こうですか、何か変な格好ですよ」

「いいから、いいから。先生が軽くボールを投げるから打ってみな。いくぞ」

ブーン
田池は思いっきり空振りをして、尻餅をついた。

「先生、全然当たらないじゃないか」

田池は笑いながら話し、お尻に付いた小砂利を払っている。

「おまえな、そんなに簡単にできる訳がないんだよ。これはな、プロのバッティング理論なんだぞ。セパレーションって言うんだ」

「プロの？」

「そうだよ。先生が昨日と一昨日の練習で谷沢先生から教えてもらったんだ」

「そうか、プロのバッティングか。凄いな。俺もやってみるよ、先生。こう構えるのか？」

田池は、不格好なセパレーションの構えをしてみるが、目は真剣だった。その練習を何回か繰り返していく内に、勢いのある打球を放つようになってきた。

「おー、何か今までよりボールが飛んでいくよ、先生！」

「そうか、確かに打球の勢いは出てきたな。でもな、すぐに身に付かないから、しっかり素振りをしてフォームを固めなければ駄目だぞ」

「分かったよ。俺、やってみるよ。で、何だっけ、打ち方の名前、セ、セ…」

「セパレーションだ」

「そうだ、そうだ。セパレーションだ。何かいいね。先生！」

田池は、にこにこしながら校庭の傍らに行き、一人で素振りを繰り返した。

私は、ふっと思った。

自分が高校野球の指導者だったら、こういうことはできないんだと。日本野球独特のプロ、アマの壁にぶつかってしまうからだ。特にプロ野球と高校野球の溝は深い。私が高校野球の指導者だったら、谷沢から野球の指導を受けることもできないし、もちろん生徒にプロの技術を伝えることも不可能であった。

もったいないな。

私は、田池が一人で黙々と素振りをする姿を見て、痛感した。

そして五月の下旬、都市対抗千葉県予選の日を迎えた。ＹＢＣフェニーズ初の公式戦である。私は、大学以来の硬式野球の大会に興奮していた。ここまで生徒のソフトボールの大会では、何度も公式試合を経験していたが、その比ではない。都市対抗予選に出場している企業チームは、プロではないものの、野球で生活をしているようなものだ。予選で敗退などしたら、すぐにお払い箱になるかもしれない。また、フェニーズのようなクラブチームの選手もこの大会を踏み台にして、企業チームやプロ野球チームからのオファーを期待している選手も多い。

球場内の控え室は、そんな選手たちの異様な雰囲気に包まれていた。今まで、プロ野球の世界で百戦錬磨の谷沢でさえ、こう言っていた。

「やはり、公式戦は独特の雰囲気があるな。緊張するよ」

公式戦の一回戦が始まった。相手も同じクラブチームだ。だが、フェニーズは期待の投手陣がまったく奮わず、序盤から連打を浴びてしまう。打線も空回りが続き、得点できない。

〇―十七の五回コールド負け。

惨敗だった。

〝谷沢野球初戦でコールド負け〟

翌日のスポーツ新聞に惨憺《さんたん》たる内容を記した記事が載った。

天才打者と謳《うた》われ、現役時代に数々の栄光を勝ち取ってきた谷沢健一のプライドがずたずたに切り裂かれた。

「負けた晩は、悔しくて一睡もできなかった」

谷沢が私に小声で囁いた。

だが、谷沢は選手の前では常に気丈に振る舞い、選手を鼓舞し続けていた。

この谷沢の姿に、私の心は打たれた。

〝谷沢を日本一の監督にしたい〟

私の純粋な気持ちだった。

私は、さらに気持ちを高めて、野球に参加するようになった。そして谷沢と練習後や平日の夜にも会う時間をたくさん作り、谷沢の野球に対する考え方を吸収していった。

いつの日か谷沢野球に久保田ありと言わせてやる。

また、自分勝手な欲も出てきた。

この間、ほとんどの休日は野球の練習に参加していた。田池の母親からは、休日に成一が暇を持て余しているので、ソフトボールの練習をして欲しいとの訴えもあった。

「すみません。夏休み練習から集中して頑張ります」

平身低頭して詫びるしかない。身体が二つあればと悔やむが仕方なかった。

そして夏休みに入り、朝から夕方までの猛練習を始めた。生徒と私の大きな目標である七連覇を達成しなければならない。私も休日の野球と平日のソフトボールの全日練習で身体にもかなり応えたが、好きな野球やソフトボールをとことんできる喜びが身体の辛さを消し去っていた。

そんな夏休み練習も終盤に差し掛かった八月の下旬、私の手元に一人の転校生の資料が回ってきた。私は、練習後のまだ火照った身体から吹き出す汗をスポーツタオルで拭きながら、資料を一読した。

転校生名　藤木剛（仮名）
障害名　軽度の知的障害による適応障害並びに行為障害・人格障害
好きなこと　野球

転校生

「久保田先生、今度転校してくる藤木剛君です」

小柄な女性教師が、私に声を掛けてきた。

私は、カレーライスを食べていたスプーンを止め、顔を上げた。私の目の前に、満面の笑顔を浮かべた坊主頭の藤木剛が立っていた。隣の女性教師は、今度剛の担任になる予定だ。

私は、椅子から立ち上がり、剛と対面した。

「藤木君ね、この先生がソフトボール顧問の久保田先生よ。新聞とかによく出る有名な先生なの」

女性教師が藤木を見上げながら言った。

「おー、君が藤木君か、久保田です。よろしく」

私は、剛に右手を差し出す。

「ちわっす。よろしくお願いします」

剛も笑顔で右手を出し、私と握手した。

「おー、いいね、藤木君。その体育会系の挨拶。ちわっす！か、俺も昔を思い出すよ。それにしても君はでかいな。身長は何センチあるの？」

「一八四センチです」

「そうか。俺よりも四、五センチも高いのか」

私は、体重も尋ねようとしたが、同じ教室内にソフトボールの生徒や保護者がいることを考え、止めた。来た早々、みんなの前で明らかに百キロを超える体重を公表する必要はない。

「藤木くんな、今日は、夏休み練習の打ち上げをやっているんだよ。毎年、保護者がカレーを作ってくれるんだ。君も食べるか？」

「いいえ。食事は面接の前に食べました」

剛は、今日、転校前の事前面接で学校に来ていた。

「先生、今日は、もう練習はないのですか？」

剛がいきなり質問してきた。

「今日か、今日はもうカレーを食べたら終わりだ。何だ、早速練習したいのか？」

「はい！　身体がうずうずしているんですよ」

剛の目が爛々と輝いている。

「今日は、ちょっと無理だな。残念だけど」

「じゃあ、次の練習は、いつですか？」

「明後日の始業式の日、午後から練習だ」

「明後日は、午後から新しい施設で用事があるんです。昼間にキャッチボール、できますか？」

「いいよ。先生が相手してやるよ」

「分かりました！　で、先生、ボールは何ですか？」

「キャッチボールのか？　一応ソフトボールかな。他のを使いたいのか？」

「はい。硬球」

「そうか。別に硬球でもいいぞ。先生は、オールラウンドプレイヤーだからな！　ガハハハ」

「先生また一人で言って受けてるぞ」

横から田池が私をからかった。それにつられて他の生徒も笑い出した。

「じゃあ、先生、明後日グローブとボールを持ってきます」

「硬球、持っているのか？」

「はい。シニアリーグで使っていたのがあります」

「そうか、じゃあ、藤木君、明後日な」

「はい。よろしくお願いします！」

剛は、嬉しそうな笑顔で元気に挨拶すると、女性教師と一緒に教室から出て行こうとした。

「あっ、そうそう、藤木君ね。今度の九月にある養護学校のソフトボール大会に君もエントリーしておいたから。頑張ってな」

剛は、勢いよく振り向いた。

「えっ、転校してすぐに大会に出られるのですか?」

「うん。四、五日前に藤木君の資料を見た日がちょうどエントリーの締め切り日でね。君の経歴にシニアリーグと書いてあったから、これはいいぞと思ってな。すぐにエントリー用紙に藤木君の名前を書いておいた。まあ、FA選手みたいなもんだな。うちの七連覇に期待の新人現れる。なんてな。ガハハハ」

「出たー。また、一人受けだよ!」

再び田池が笑顔で言った。

「分かりました。大会に出られるんですね。頑張ります!」

剛の目は、大きく見開いて輝きを放っていた。対照的に隣の女性教師は、不安そうな表情を隠せない。その顔には、まだ転校もしていない生徒を勝手にエントリーなんかして大丈夫なのかと書いてある。おまけに対応に苦慮するのが明らかな生徒なのに。

担任をはじめ、学年の教師は、剛の資料に書いてある過去の経歴を見て、不安になっていた。

始業式の午後。剛は挨拶に来た父親と一緒に校庭に出てきた。

剛の父親は、身長一六〇センチぐらいの小柄であり、縁無しの眼鏡から覗く目には、心なしか疲労の色が感じとれた。私は、その父親と簡単な挨拶を済ませ、剛と対面した。剛は、私とのキャッチボールに備えて既にTシャツにジャージのズボンを履いていた。

私は、剛に声を掛けた。

「藤木君、グローブとボールは、持ってきたか」

「はい。ここにあります」

剛は、手にしていたビニール袋を上げ、私に示す。

「よし。早速やろう」

「はい！」

剛は、元気よく返事をして、左手にグローブを付けた。

「よし。いいぞ」

私は剛に声を掛け、自分の胸の前でグローブを開き、準備のできたことを知らせた。

「お願いします」

剛は、律儀に気を付けの姿勢で頭を深々と下げる。たぶんシニアリーグ時代のキャッチボールを始める前の挨拶の仕方なのだろう。

「おう。遠慮なく来いや」

私は、勢いよく右手の拳でグローブを叩いた。

バシッ！

スピードボールが私のグローブに突き刺さる。

「おい！　いきなり凄い球だな。急に速い球投げるから、捕り損ねたぞ。左手が痛いよ」

私は、グローブを付けていた左手を外し、オーバーに振って見せた。

「すみません。久しぶりだったので、つい力んでしまいました」

剛は、笑顔で言った。

「いいよ。気にするなよ。どんどん来い！」

「はい！　いきますよ」

バシッ！

また、強烈なスピードボールが来た。

「おう。いい球だな！　ナイスボール！　さあ、もう一丁！」

私は、大きな声で剛に言った。

剛がキャッチボールを続けていると、何人かの教師が見物に集まって来た。

野球好きな教師が私のそばに近寄り、話し掛けてくる。

「この子の球凄いねえ。今度転校して来た生徒でしょう。ソフトボールのいい助っ人だね」

「ええ、中学の時にシニアリーグでやっていたんですよ」

「そうか。でも、養護学校に来る生徒でシニアリーグでやっていた子は、珍しいよね」

「そうですね。私も初めてですよ。まともに野球をやっていた生徒は」

私は、再び剛に顔を向けた。

「じゃあ、藤木、次の球でラストな」

「はい。先生、スライダー投げてもいいですか？」

「おう、一丁前だな。投げてみな」

「はい！　いきますよ」

バシッ！

鋭く曲がったボールが私のグローブに突き刺さった。

「なかなかいいスライダーだな、藤木」

私は、剛に近寄りながら話した。

「藤木は、シニアリーグでピッチャーやっていたんだよな？」

「はい。二年生まででですけど」

剛は、少しうつむき気味で話した。

「藤木な、硬球でこれだけの球を投げられたら、卒業した後に先生がコーチをしているＹＢＣにも入れるぞ」

「ＹＢＣ？」

「硬式の野球クラブだ。ＹＢＣフェニーズといってな。本拠地は、千葉県の柏市だぞ。藤木は、千葉の出身だろ。これも何かの縁かもしれんぞ。ねえお父さん」

私は、剛のそばに歩み寄って来た父親に話し掛けた。

「ええ」

父親は、浮かない表情をしている。

「YBCフェニーズの監督は、谷沢健一なんだぞ。藤木知っているか？」

「谷沢？」

藤木は、首を傾げている。

「お父さんは、ご存じですよね」

「ええ、もちろん。私も千葉の生まれですから。谷沢健一といえば千葉県の生んだ大スターですよ」

「な、藤木。凄い人が監督のチームなんだぞ」

「谷沢監督は、どこのチームだったのですか？」

剛が興味ありげに聞いてきた。

「中日だ」

「バッターですか？」

「そうだよ。現役時代に二千本安打以上打って、首位打者も二回獲っている」

「へー、凄い人なんだね、先生。福留よりも打ったのですか?」

「福留の比ではないよ!」

私は、声を大きくして言った。

「卒業したら、そのYBCに入れますか?」

「そうだよ。藤木の力ならな。先生が推薦してやるよ」

「本当ですか!」

剛の目がひときわ大きくなり、強烈な輝きを放った。

「そのYBCで頑張れば、四国の独立リーグにも行けますか?」

「そうだな。YBCで活躍すれば、その可能性もあるぞ」

「凄いね! 父さん。俺、この学校に来て良かったよ。YBCに入れるかもしれないよ。父さん!」

父親は、浮かない表情で頷いた。

「でもな、藤木。とりあえずは今度ある養護のソフトボール大会を頑張ってくれよ。何せ七連覇が掛かっているからな」

「はい。ソフトボールも頑張ります。先生、養護の大会が終わったら、硬式でキャッチボールをしてくれますか?」

「おう。いいぞ」

「やった。先生、よろしくお願いします！」

剛は、満面の笑顔で言った。すると剛は、すぐ横にある校舎のガラスを見ながら、シャドーピッチングを始めた。

そんな剛を横目に、父親が不安そうな表情をして、私に近づいて来た。

「先生、あの子にあまり期待をさせるようなことは、言わないでください。今までも何回も裏切られては、人様に迷惑を掛けてきたので。行く先々で、自分の思い通りに行かないと、暴力を奮い、その度に追い出されてきました。それで、この学校の近くの施設に入った経緯もあるので」

「分かりました。大丈夫ですよ。野球やソフトボールは、私が責任を持って面倒みますから。好きなことで生徒は伸びますからね。まあ、私に任せておいてください」

「でも、今までも何人もの人を裏切りました。うちの子は」

「大丈夫ですよ。いやあ、私もうまい子が入ってくれて嬉しいですよ。お任せください、お父さん！」

私は、失礼も顧みず、年上である父親の肩を軽く叩いていた。

安らぎ

次の日の午前十時頃。剛が虚ろな目をして私の教室に入ってきた。私のクラスは重度重複学級で、生徒三人に対して担任が二人配置されていた。それだけ障害が重く、マンツーマンの指導が必要な生徒たちだった。そして、一緒に担任を組んでいるのは、今年度限りで定年退職を迎える女性教師である。

「先生、自分のクラスにいると女子の声が気になって苛つくんです。この教室にいてもいいですか？」

剛が私に向かって言った。剛のクラスは、知的障害の軽い生徒が集まっており、生徒八人に対して担任が二人配置されていた。

「いいよ。この教室は人数が少ないから広く感じるだろ。好きなところに座っていいぞ」

「どうぞ、どうぞ。ここでゆっくりしていきなさいよ、藤木君」

一緒に担任を組んでいる女性教師が優しく話し掛けた。

「すみません」

剛は、空いている椅子に座った。苛つきが溜まっているのか、座った途端に下を向いて膝を激しく震わせている。

しばらくして、剛が顔を上げた。

「先生、この曲」

剛は、教室にあるＣＤデッキから流れている曲を聴いて言った。

「あー、小田和正な。先生な、高校の時から隠れ小田和正ファンなんだよ。その時は、オフコースだったけど」

「俺、施設を追い出される度に父さんの車の中で泣きながら聴いたんです」

「そうか。あまり聴きたくないのか」

「いいえ、俺の思い出の曲がたくさんあるから。自分でもよく聴いていました」

「そうか。じゃあ、いつも小田和正の曲を聴くことにしようや。自分のクラスが嫌になったら、いつでも来いや」

剛の表情が少し和らいだ。

「先生、俺、小学校の時に女子からバカとかデブとか言われて、いじめられたことがあるんです。その時から、女子の騒ぐ声を聞くと苛つくんです」

「そうか。今日は、久々に教室に入ったんじゃないのか？」

「はい。中学の時は、二年の途中まで保健室登校だった。その後からは、しばらく学校に行っていない。先生、俺がシニアリーグでやってたの知っていますか？」

「知ってるよ。おまえが初めてうちの学校に来た日に言ってたじゃないか」

「そうか。で、そのシニアリーグでもいじめられた」

「おまえも大変だったなあ。前の○○養護の時は学校に行っていたのか？」

「行ったけど、保健室登校でした」

「そこにかわいい保健の先生がいたとか」

「えっ！　先生何で知っているんですか！」

「先生の情報網は、全国ネットだからな。ガハハハ」

「そうなんですよ。俺のタイプなんですよ。その先生」

剛は、にやつきながら話し続けた。いつの間にか膝の震えも止まっていた。

「そうか。で、その先生何歳ぐらいだ？」

「えーと、三十歳は越えてた」

「何！おまえ、高校生の分際で、そんな年上を！」

「えへへ、先生、俺ね、年上がタイプなんですよ。えーと…」

「熟女！」

「そうそう、それ。先生、詳しいですね」

「だから、全国ネットだって言ったろ。でも、今のは関係ないけどな」

教室内は、残暑の熱気を遮るように冷房がフル回転していたのでちょうど過ごしやすい温度に保たれていた。クラスの生徒三名は、それぞれが思い思いの場所でくつろいでいた。自閉症の男子生徒は、私が作った段ボールハウスの中に入り、眠っている。端から見たら、ホームレスの寝床のようだが、この狭い空間が落ち着くらしい。太り気味のダウン症の男子生徒は、教室の床に敷いた柔らかいマットの上で、両足を開いて座っていた。しばらくすると、上半身を倒し、顔をマットに付け、その感触を楽しんでいる。ダウン症の子は身体が柔らかいので、様々な格好でくつろぐことができる。もう一人のダウン症の女子生徒は、教室にあるテレビにビデオを入れ、大好きなアンパンマンを見ていた。この生徒も身体が柔らかく、椅子の上で胡座《あぐら》をかいていた。一緒に担任をしている女性教師は、生徒が作った刺繍作品の修繕中で、無心に針を動かしている。

教室内にゆったりとした時間が流れていた。

「はあー」

剛が大きな欠伸をしながら、両手を組み、掌を天井に付き出して伸びをした。

「眠いのか?」

「ええ、俺の薬、強いからすぐに眠くなるんですよ」

「そうか。なら、そこに寝ていいぞ。空いているマットを使いな」

「え、寝ていいんですか」

「別にいいよ。人間はな、眠い時に寝る。これが一番だぞ。先生も給食を食べた後、よく昼寝するしな」

「そうなんだ。じゃ、俺、寝ますんで」

剛は、マットの上に横になり、しばらくすると大きないびきをかき、深い眠りに入ってしまった。

次の日から剛は、毎日十時頃に登校すると、そのまま私のクラスに来た。剛は、毎日教室に付くや否や私を相手に自分の過去のことを中心に三十分ぐらい一方的に話し続けた。私は、専ら聞き役に回り、剛が質問してきたら答えるようにしていた。一通りの話が済むと剛は、マットに寝そべり、眠りに入る。そして、昼頃に起き上がり、私のクラスの生徒と一緒に給食を食べた。午後になると、自分で持ってきた硬球を掴み、左手にグローブをはめて教室にある鏡の前に立ち、シャドーピッチングを始める。シャドーピッチングは、一時間ぐらい続き、疲れてくると終了する。剛は一息つくと、マットの上で胡座をかいて座り、自分が持ってきたお気に入りの野球雑誌を見る。右手には硬球を持ち、いろいろな握り方を試す。三時頃になると徐《おもむろ》に立ち上がり、教室の隅でジャージに着替える。

「じゃあ、練習に行って来ます」

剛は、他のソフトボールのメンバーよりも早く校庭に出て、校舎の壁にボールをぶつけていた。

これが剛の経験した久しぶりの学校生活だった。

「先生、ちょっといいですか。俺、勇気をもって言いますけど」

この日も剛がいつもの口調で質問してきた。

「あのう、ソフトボールの大会が終わったら、ＹＢＣの練習に出てみたいんですが、駄目ですか？」

「そうか。じゃあ、今度監督に聞いとくよ」

「本当ですか！」

「ああ、本当だよ。ただ、その前にソフトボールの大会があるから、それを頑張ったらな」

「はい！　俺、頑張るよ。先生！」

「でも、あんまり頑張りすぎても、辛いかもしれないから、程々に頑張れよ。苛ついたら、遠慮なく爆発してもいいからな」

「えっ、暴れてもいいんですか？」

「そうそう。おまえみたいなタイプは、時々爆発しないと駄目なんだよ。我慢するのが一番よくない」

「もう、先生。ひとごとだと思ってるでしょう」

「その通り！」

「もう、先生！　いい加減だなあ」

「おまえはまだ若いから分からんのだ。このいい加減さが実は奥深いことを。ガハハハ」

「そうなのかな。何か騙されているみたいだ」

剛は、九月中旬の養護学校のソフトボール大会まで、一度も暴れることなく練習に参加して、大会に臨んだ。大会では、剛の力は抜きんでており、二本の柵越えホームランを含むタイムリーヒットを連発して、七連覇の立て役者となった。

私は、大会の帰路、がに股で歩く剛を見て、不思議になり声を掛けてみた。

「何だ、おまえ、がに股で歩いて。うんこでも漏らしたのか？」

「違いますよ、先生。もう、大きな声で変なこと言わないでくださいよ。股擦れなんですよ。大会で何回も塁に出て走ったから、股が擦れてしまい、ヒリヒリするんです。こんなに走ったのは久しぶりだから」

剛は、痛そうに股をさすっていたが、表情は、明るい。

「おまえは、太っているから太股がムチムチだもんなあ。だから擦れるんだろ」

「先生、ズバリ言わないでくださいよ！」

「前の○○養護だったら、大好きな保健の先生に見てもらえたのになあ。つ　よ　し　くーん」

「もう！　からかうの止めてくださいよ。本当に歩くのも大変なんだから！」

「誰か、こいつをおんぶしてやれよ」

私は、冗談めいて他の生徒に声を掛けた。

「無理、無理。剛は重すぎて、こっちが身体壊すよ」

田池がすかさず答えた。

そんな田池に向かって、剛が突進する真似をした。

「おー、田池言ってくれるなあ。おまえの背中に乗ってやるぞ。あー痛い、股が痛い。走れねーや」

剛の動きを見て、みんな爆笑した。

やっと駅に着き、解散した後に剛が近づいてきた。

「先生、俺、大会頑張ったよね。ＹＢＣの練習に参加させてくれますよね？」

「おう、約束だからな。監督に言っておくよ」

「やったー。先生よろしくね。じゃあ、さようなら！」

剛は、元気よく言った後、改札を抜けホームへと向かっていた。その後ろ姿は、痛みに堪えながらのがに股だった。

不安

「てめー、ぶっ殺すぞ」

剛は、止めに入った私に言った。そして、ソフトボールの練習後に使っていたバーベルのプレートやバーを片っ端から蹴り飛ばしている。バーベルトレーニングの真っ最中だった他の生徒は、剛の暴れぶりにびっくりして、遠く離れたところから剛を見ていた。

「てめーら、俺のことをじろじろ見てんじゃねーぞ」

剛が生徒に向かって暴言を吐いた。

ソフトボール大会が終わってから、約一週間が過ぎていた。練習後のバーベルトレーニングの最中にある生徒が剛に囁《ささや》いた一言が爆発のきっかけだった。

「剛、座ってないで早くバーベルやれよ」

この一言に剛は、苛ついた。しばらくベンチに腰掛けて、苛つきをを押さえようとしていたが、我慢できなかった。私は、頭を抱えて、激しく膝を震わせている剛に声を掛けた。

「おい、どうした。苛つくのか。我慢できなかったら教室に戻ってもいいぞ」

剛は、頭を抱えて、膝を震わせたままだ。

そして、急に立ち上がった。その顔は、剛が転校してから初めて見せる別人の表情だった。目が異常につり上がり、まさに鬼の形相だった。

剛の爆発は、一時間ぐらい続いた。私も暴れる剛を止めるだけで精一杯である。剛は、何度か私に攻撃しようとしたが、目が合うと暴言だけを吐き、さっと視線を逸らして、他の物を蹴散らしていた。あまりの暴れ方に、職員室にいた教師も大勢外に出て来たが、誰も止めに入ろうとしない。もし自分が被害にあったら大変だとしり込みしたのだろう。

私は、剛が少し落ち着いたのを見計らって、誰もいない廊下に連れて行き、座らせた。

「てめえ、俺の前から消えろ」

「そうもいかないんだよ。これが俺の仕事だからな」

「目障りなんだよ」

「そうか。でもおまえを一人にする訳にはいかないから、落ち着いたら話をしようや」

剛は、意味不明なことを呟きながら、頭を抱えたまま座っている。誰もいない廊下の電気は消え、暗闇の中にいるのは、私と剛だけだ。

しばらくして、剛が小声で話した。

「先生、俺、少し休憩したらバーベルやろうと思ってたんだよ。なのにあいつがやれって、命令しやがったんだ」

「そうか。それで苛ついたんだな」

「そう」

「あいつも言い方を考えないと駄目だな。一方的に命令されると先生も頭に来るし、おまえの気持ちもよく分かるよ」

「うん。でも俺もいけない」

「何が」

「暴れた」

「たまにはいいよ」

「駄目。ＹＢＣで野球ができなくなる」

「そんなことはないよ。おまえも我慢した」

「えっ？」

「先生に暴力を奮わなかったろ」

「うん。我慢した」

「そこは、偉かったな」

「俺、ＹＢＣで野球できるかな」

「できるよ。もう谷沢監督に言ってしまった」

「何だって？」

「いいよ、だってさ」

「先生、明日も俺とキャッチボールをしてくれますか?」

「いいよ」

剛は、そのまま迎えに来た施設の車で帰って行った。

次の日の放課後、私は職員会議をさぼり、剛と硬球でキャッチボールをした。毎週水曜日は職員会議があるためソフトボールの練習はない。剛は、それをいいことに私との硬球のキャッチボールを要求していた。剛が転校してきてからの約一か月間、私は毎週水曜日のキャッチボールを続けていた。先日、ついに会議に出て来いと副校長に注意されてしまった。だが、次の週の水曜日も会議に出ず、いつものように硬球でキャッチボールをしていた。すると剛が笑顔で話し掛けてきた。

「先生、今日、スピードガンで計ってもらえますか?」

「いいけど。スピードが上がらなくても苛つくなよ」

「大丈夫ですよ。先週のようなことはありませんから」

「そうか。分かった。じゃあ、菊山を呼ん来いよ、あいつにスピードを計らせよう。スピードガンは先生が取ってくるから」

「分かりました!」

剛は、グローブを置いて走り出した。

バシッ！

「菊山、何キロだ？」

「一〇六キロです」

バシッ！

「一〇四キロです」

球速を聞いた剛の表情が見る見る変化していく。

「先生、もう一球、今度は一一〇を絶対に超えるから。シニアリーグの時は、一三〇を超えたんだ」

「しばらくやってないんだから、仕方ないよ。焦るなよ」

バシッ！

「一〇三キロ」

「ちぇ」

「今日は、もう止めようか？いきなりは無理だよ。また来週にしよう」

私は、これ以上やっても剛を苛つかせるだけだと判断した。

「うるせんだよ！」

剛は、一瞬の内に鬼の形相になり、目が強烈につり上がった。そして、左手にはめていたグローブを空中に放り投げ、落ちてきた所を蹴り上げた。さらに右手に持っていたボールを校庭のネットの外に放り投げた。

剛は、そのまま私の横を通り過ぎて、一人で教室に戻り、リュックサックを抱えて勝手に帰ってしまった。

私は、今回は剛を無視した。

そして、剛が学校を後にしてから二時間後、私の携帯に剛からメールが来た。

先生、俺はね。もっと速いボールを投げられると思ったんだよ。俺、もう野球はやらない。あんなボールしか投げられないなら、やっても意味がないから。中学の時は百三十キロも投げられた。だから、今日、苛ついたんだ。先生は、俺の悔しい気持ち、分からないよね。でも、もういいんだ。野球やめるから。もう先生とも関係ない。

私は、剛のメールを無視して、返信しなかった。

また、さらに二時間が経過した頃、再び剛からメールが来た。

先生、今日は、苛ついてごめんなさい。スピードが出ないのは、自分の練習不足だというのが分かった。俺、やっぱり野球がやりたい。ＹＢＣの練習にも出たいんです。もう苛つかないから、また練習させてください。

私は、剛に返信した。


自分の苛つきを道具に当たるやつは、野球をやる資格なし。

明日の朝、自分が外に投げたボールを探しに行くこと。

今日のことは、しっかり反省するように。


私は、剛に出会って約一か月が経ったこの日、メールではあったが、初めて剛を叱った。私のメールを見た剛は、かなりのショックを受けているはずだ。今日までは、自分のことをいつも受け入れて許してくれていたのに…。

私に叱られた剛は、もう学校に来ないかもしれないと思ったが、私も今日の一件は、絶対に許さないと、強い姿勢でいくことにした。野球の道具を粗末に扱った剛を叱ることで、剛に反省することを学ばせ、その反省を踏まえて再び立ち直らせたいと考えていた。

剛の将来のためにも。

次の日。十一時を過ぎても剛は登校して来なかった。私は、やはり学校に来られなくなったと思い、また剛が不登校の道を歩んでしまうことを懸念した。

だが私は、すぐに首を振り、自分のそんな考えを否定した。

あいつは、野球がやりたいはずだ。

私は、急いで校外に出て、昨日剛がボールを放り投げた辺りに行ってみた。すると、草むらの中に入り、ボールを探している剛の姿がすぐに目に留まった。

私は、嬉しくなり、すぐに声を掛けたかったが、ぐっと堪えて、知らん顔をして一緒にボールを探した。そんな私を目にした剛は、私を遠ざけるようにして、ボールを探していた。だが、なかなかボールが見つからない。かれこれ一時間ぐらいは、探しただろうか。

私は、さらに草むらの奥に進み、足で草を掻き分けながら探して行くと、やっと白いボールを発見することができた。私は、離れた所にいる剛にボールを見せながら、大きな声で叫んだ。

「おーい。ボール、あったぞ、ほら」

剛は、私を一瞥《いちべつ》しただけで、無言のまま校舎の方に向かって行った。

私が教室に戻ると、剛は頭からタオルを被り、マットの上で寝ていた。

その日から三日間、同じ教室にいながら、私と剛の会話は、一切無かった。私も剛が自分から謝ってくるまで話すまいと固く決意していた。

そして、週が明けた月曜日の朝。登校してきた剛が私に話し掛けてきた。

「先生、俺、もう絶対に道具に当たらない。野球をやる資格ないけど。でも、どうしても野球をやりたいんだ。先生、またキャッチボールしてくれますか？」

「いいよ」

「本当ですか！」

「ああ」

「いつですか」

「今日の練習の前にやるか」

「はい！」

そして私と剛は、下校の一時間前に誰もいない校庭に出て、キャッチボールを始めた。


十月の中旬、爽やかな秋晴れの広がる日。剛は、初めてＹＢＣフェニーズの試合に参加した。本来なら練習に参加させるべきだったが、この日の試合会場が東京の府中市民球場であり、剛の住んでいる施設からも近いので試合に行かせることにした。

私は、谷沢と十時に京王線の府中駅で待ち合わせることにしていたので、剛には、その十五分前に来るように伝えておいた。私が九時半頃に府中駅の改札前に着くと、既に剛が上下青のジャージ姿でいつものリュックサックを背中に掛けて立っていた。

「おう、早いなあ」

「なんか、緊張して、早く来ちゃいました」

「いつもは、学校に遅刻して来るのにな」

「エへへへ」

剛は、坊主頭を掻いた。

しばらく剛とたわいない話をしていると、ちょうど十時に谷沢が改札に向かって歩いて来た。

「おはようございます」

私は、いつものようにきちんと頭を下げて挨拶した。

「おう、おはよう」

谷沢が挨拶を返しながら、剛に視線を移した。

「監督、この前お話しした、うちの生徒の藤木剛です。今日は、よろしくお願いします」

剛が頭を下げる。

「あー、君が藤木君かあ。久保田コーチから話は聞いてるよ。かなり速い球を投げるらしいね。今日はよろしくな」

谷沢は、剛に笑顔を向けながら、右手を差し出した。

「よ、よろしくお願いします」

剛も、ゆっくりと右手を出し、谷沢と握手した。

駅から府中市民球場まで歩いて行くことにした。谷沢は、歩きながらも剛に話し掛けている。剛は、流石に緊張しているようで、返事をするのが精一杯だったが、その表情は生き生きとしていた。

今日は、大丈夫かな。

私に微かな期待が沸き起こる。

球場に着くと、谷沢がYBCのメンバーに剛を紹介した。剛は元気に挨拶した。

「南大沢学園養護学校の藤木剛です。よろしくお願いします」

谷沢が続く。

「いい球投げるらしいぞ。〇〇、おまえ剛に負けるなよ」

YBCのメンバーが爆笑した。

剛は、試合前のアップやキャッチボールを他のメンバーと一緒にこなしていった。やはり、身体が重いようで、一人だけ動きが遅い。だが、一生懸命に回りのメンバーに付いていこうとしている。私も今日は、剛の動きが気になって仕方がない。

そして、今日の対戦相手である全府中野球クラブとの練習試合が始まった。剛は、ベンチ後列の一番端に座っていた。試合中のベンチは、緊迫感に包まれ、味方の選手を励ましたり、相手チームに野次を飛ばしたりと大きな声が乱れ飛ぶ。私も試合に集中しなければならなかった。

YBCは、初回に先制点を挙げ、幸先の良いスタートを切った。先発ピッチャーも決め球のフォークボールが面白いように決まり、五回まで相手を零点に押さえていた。

五回裏が終了して、グラウンド整備が始まり、一息付いた所で剛を捜した。

ベンチ内にいない。

私は、急いでベンチ裏の控え室に行ってみた。その控え室の一番奥の壁に背を付けて座っている剛を発見した。剛は、膝を両手で抱えて、額を膝頭に押し当てていた。

私は、試合中ということもあり、慌ただしく剛に声を掛けた。

「おい、どうした。苛つくのか」

「あんな雰囲気の中にいられない」

「ベンチか？」

「そう」

「試合中は、いつもあんな風だぞ」

「俺には、無理」

「そうか。嫌だったら無理しないで帰ってもいいぞ」

「…」

私は、剛の返事を待たずに、ベンチに戻って行った。

六回裏の全府中野球クラブの攻撃中、ベンチ裏の控え室から、とてつもない衝撃音が聞こえてきた。

「何だ、今の音は？」

「風の勢いでドアが閉まったんじゃないのか」

選手同士が話していた。

私は思った。剛が控え室にある大きな鉄製のドアを苛ついて蹴り上げたんだと。私は、急いでベンチ裏の控え室に行ってみたが、案の定、剛はいなかった。そのまま帰ってしまったのだ。

結局試合は、六対〇でＹＢＣフェニーズの勝利となったが、私は、ドアを蹴り上げて、苛ついたまま球場を後にした剛のことが気になって仕方がなかった。

何度か剛の携帯に電話したが、繋がらなかった。

そして、自宅に向かう途中の電車の中で剛からのメールを受信した。


知的障害や精神病を抱えている俺には、野球なんて、社会人野球なんて、できないんだよ。あんなピリピリしたベンチに入るなんて俺には無理なんだよ。今日俺は、体験して分かったよ。まともにベンチに入られない自分なんて野球なんか無理。すぐに人を怖く感じてしまう自分は、この世から消えてしまえばいいんだ。死ねばいいんだ。球場にいる時に、どうしたら死ねるか考えてた。俺は、死のうと思えば簡単に死ねる。だから俺は『死』を考える。だから俺は、死にたいと考える塊なんだよ。

俺は、今日ブルペンでＹＢＣのキャッチャーに球を捕ってもらいたかったんだ。でも、落ち着いたらベンチに戻ろうとしていたのに、先生がもういいから帰れって言うからムカついたんだよ。元々俺が嫌なら呼ぶんじゃねえよ。ムカつくんだよ。

私は、剛のメールを無視した。
さらに一時間後、剛からメールが来た。

もう大丈夫です。考えたんだけど、やっぱり諦めるのはよくないと考えた。今日の試合に行って目標が沢山できました。ＹＢＣのピッチャーよりも速い球が投げたいです。もっと努力します。先生、今日は、体験させてもらったのに、ちゃんとできなくてごめんなさい。先生、本当にごめんなさい。いつも学校でお世話になっているのに、あんなメールを送ってしまいごめんなさい。

私は、剛に返信した。

いいよ。気にするな。また頑張ろう。

すぐに剛からメールが来た。

分かりました。これからもよろしくです。また、月曜日にキャッチボールしてくれますか?

いいよ。月曜日な。

夢・希望

剛が転校してから二か月が過ぎていた。

剛は、相変わらず十時頃に登校する。だが、教室に来て、すぐに寝ることは少なくなっていた。私のクラスには、既に剛専用の机と椅子があり、剛は、すっかり重度重複学級の一員となっていた。

剛の担任をしている男性教師が心配そうに聞いた。彼は、真面目を絵に描いたようなタイプだ。

「久保田先生、剛は、届け出と違うクラスにいることになりますが、大丈夫でしょうか？　今、いろいろと教育委員会もうるさいですしね」

「別にいいんじゃないですか。あの子が学校に来ることを優先しましょうよ。今のところ一日も休んでないしね。教育委員会に聞かれたら、この子は、体重が〝重度〟だからこのクラスにいるんだって言ってやりましょうよ。ガハハハ」

剛の担任教師は、首を傾げながら去って行った。

剛は、私のクラスでは、ほとんどの時間を野球雑誌を見ているか、私と話をしているかに費やした。だが、この頃から、少しずつ新たな変化が出てきた。

昼休みや授業の合間の休憩時間になると、剛の所に遊びに来る生徒が日に日に増えて来たのだ。

特にソフトボールを一緒にやっている飯岡竜也（仮名）は毎日のようにやってきた。飯岡は、二年生で学年は剛の一つ下になる。

ある日の昼休み、今日も飯岡が私のクラスにやって来た。

飯岡は、私の視線を気にしながら、剛の耳元で囁く。

「ねえ、剛君、これいいでしょう。すぐに送るからさ」

「ばか、飯岡。やべえよ。先生に見つかったらどうするんだよ」

剛は、満面の笑顔で飯岡に話している。

「大丈夫だよ、剛君。分からないようにやるからさ」

飯岡は、私を横目で見ながら言った。

「飯岡、先生がこっち見ているぞ。やばいよ」

剛は、そう言いながらも飯岡との会話を大いに楽しんでいるようだ。

養護学校の生徒は、この辺が憎めない。

飯岡は、自分の携帯サイトで得た、アダルト系の画像を剛に送信してあげると言っているのだ。

もちろん、彼らも真面目な堅物の教師の前では絶対にやらない。私があまり細かいことを言わないのを百も承知で、私も含めた会話で遊んでいるのだ。

十一月の中旬のある日、突然、私の携帯電話が鳴った。民放テレビ局の武蔵ディレクターからだった。武蔵氏は、高視聴率を誇る夜のニュース番組「報道スタジアム」を担当していた。

「ご無沙汰しております。武蔵です。以前のティーボールの取材では、大変お世話になりました」

「いいえ、こちらこそ、すっかりご無沙汰して申し訳ありません」

武蔵氏とは、二年前にティーボールの取材で来校した時に顔見知りになり、その後も何度か電話や手紙で連絡を取っていた。

「いえね。今世間を騒がしている、いじめを苦にした子どもたちの自殺をテーマに取材していましてね。ただ、私が取材したいのは、自殺した子どものことではなく、いじめや不登校から立ち直った子どもを扱いたいと思いましてね。今、追い込まれている子どもたちに勇気を与えるような特集を組みたいのです。それで以前、先生の学校にお邪魔した時に、小学校や中学校でいじめや不登校で苦しんだ生徒が、先生の学校でソフトボールを生き生きとやっているという話を思い出しましてね。是非一度、取材をさせていただけないかと思いまして」

「そういうことなら喜んで協力しますよ。ただ…」

「ただ?」

「ええ、以前、ティーボールの取材にいらした時は、校長や副校長が好意的ですぐに受け入れてくれたのですが」

「ええ、そうでした。特に○○副校長さんは、凄く協力的な方で私も助かりました。昨今、いろいろな学校を取材しますが、閉鎖的な所が多くて困りますよ」

「武蔵さん、今のうちの校長や副校長は、ちょっとね、何と言ったらいいのか…」

「堅い？」

「そうですね」

「そうですか。分かりました。そういうタイプの校長さんなら、まずは文書を作って、早速、学校訪問の依頼書を送りますよ。たぶん、何よりも手続きを重視するでしょうからね」

「すみません。お手数掛けますが」

「いやいや、慣れてますから。で、先生、すぐに文書を送りますので、五日後の木曜日あたりに訪問させてくださ い。できれば生徒さんのお話も聞かせていただければ、ありがたいです」

「分かりました。お待ちしております」

翌日私は、武蔵氏からファックスで送られてきた学校訪問の依頼書をB校長に手渡した。

B校長は、身長百七十五センチぐらいの細身で、度がきつそうな眼鏡をかけていた。B校長は、以前、教育委員会に長く勤めていた。

B校長は武蔵氏の書いた文章を一読して、私に言った。

「報道スタジアムって、○○さんが司会している番組だよね。あれ、視聴率高いんじゃないの？」

「そうですね。報道されたらうちの学校の大きな宣伝になりますね」

「で、ディレクターの人、えーと武蔵さんの取材の主旨は何なの？」

「うちの学校で、いじめや不登校から立ち直った生徒の取材をしたいらしいですよ。たぶん、ソフトボールの生徒が中心になると思いますが」

途端にB校長の表情が暗くなった。

「いじめ？　うちの学校には、いじめなんかないだろう」

「いいえ、過去に小学校や中学校で受けたいじめから、うちの学校でソフトボールをやって蘇った生徒の取材ですよ。うちの学校のいじめの取材ではありませんよ」

「でも、いじめはなあ。今、回りがピリピリとしているから」

「だから…」

私は、また同じことを繰り返そうと思ったが、止めた。

「まあ、今回の文書は、とりあえず学校訪問の依頼書なんで、それは問題ないですよね？」

「まあ、そうだけど。でもな、いじめは、世間がなあ」

私は、大きく溜息を吐いて校長室を後にした。

数日後、武蔵氏が来校した。私も直接会うのは、二年ぶりである。武蔵氏は、身長百八十センチぐらいの大柄で、口髭を蓄えたその風貌は、二年前と何ら変わることはなかった。

私は、武蔵氏を校長室に通し、B校長に会わせた。武蔵氏は簡単な挨拶だけで済まし、私と一緒に教室に向かった。しばらく、私と武蔵氏が雑談をしていると、剛が教室に入ってきた。

「おはようっす」

まだ、眠たそうな表情だ。

「おはようございます」

武蔵氏が大きな声で挨拶した。武蔵氏を見た剛は、きょとんとしていた。

「あのな、こちらは武蔵さんと言ってな。報道スタジアムという番組を作っている人だ。おまえも見たことあるだろう」

「はい。スポーツのところ、たまに見ますね」

「今日は、ソフトボールの生徒の取材に来てくれたんだよ」

「えーと、藤木剛君だよね。久保田先生から少し話を聞いてますよ」

武蔵氏が笑顔を交えて剛に話した。

「えー、先生からどんな話を聞いているんですか?」

「おまえの変態性についてだ」

私は、冗談めいて言った。

「もう、先生、勘弁してくださいよ」

剛は、満面の笑顔で言う。

この後、武蔵氏は剛と二人だけで話をした。そして、放課後の練習でも何人かのソフトボールの生徒から話を聞き、練習がそろそろ終了する頃に武蔵氏が私の所に近づいてきた。

「いやー、先生、今日は、長い時間お邪魔してすみませんでした。でも、おかげ様でいい取材ができましたよ。それで、是非、剛君を中心に取材したいなと思いましてね。彼と長い時間話をさせてもらって、いじめにあったことや、自殺未遂をしたことも話してくれました。でも、剛君が言ってましたよ。この学校に来て、久保田先生に出会えて、野球やソフトボールができて僕は蘇ったと。この学校に来たのも、先生に出会えたのも、たまたまかもしれませんが、ここが今、剛君の居場所なんですね。今、その居場所がなくて苦しんでいる子どもたちがたくさんいるんですよ。これは、良い取材ができそうです。早速、校長さん宛に企画書を書きますので、よろしくお願いします」

私は、武蔵氏に深々と頭を下げた。

次の日、私は剛に取材の件を話した。

「…ということで、武蔵さんが、おまえを中心に取材したいと言うんだけど、どうだ？」

「俺、テレビに出られるんですか？」

「そうだな」

「有名になれるかな?」

「かなりな。でもカメラに向かって、自分の過去のことを話したりするんだぞ。いじめを受けたことや自殺を図ったことも」

「うーん」

剛は、少し考えている。

「でも、俺がテレビに出ることで、他に俺みたいな障害を抱えている人の役に立てるよね」

「そうだな」

「俺、取材受けるよ。ちなみに先生も出るんですか?」

「当たり前だろ。おまえを育てた恩師じゃないか。先生が出ないでどうするんだよ!」

そんな私にも色気が出ていた。

三日後、武蔵氏から企画書が送られてきた。

テーマは「学べ命、いじめにあった少年からのメッセージ」であった。続いて、企画主旨、放送枠、取材方法が丁寧に書いてあった。

私は、すぐに校長室に駆け込み、B校長に企画書を提示した。B校長は、難しい顔をして企画書に目を通している。そして、顔を上げて私に言った。

「うーん、重いなあ」

「えっ、何が重いのですか？」

「何がって、テーマだよ」

「テーマですか」

「ああ、命といじめがなあ。重いんだよなあ、これは」

「あの、おっしゃっている意味がよく分からないのですが」

「今のこの時期に命といじめはなあ。重いなあ」

「あの、今のこの時期だから、こういうテーマだと思うのですが。別にうちの学校のいじめを取材する訳ではないのですよ。過去に受けたいじめから、うちの学校の教育で立ち直ったところを取材して放送するのですよ。ちゃんと企画主旨にも書いてありますよ」

「いや、テーマでいろいろと誤解する人が出るんだよ。命やいじめは重いんだよなあ」

私は、溜息が出そうになるのを懸命に堪えた。

「では、テーマを見直せないか武蔵氏に連絡してみましょうか。これでは、重いと」

そして私は、すぐに武蔵氏にことの顛末を電話した。私からの連絡を受けた武蔵氏は自分がB校長に連絡しますと言ってくれた。

それから、三十分後に武蔵氏から私に電話が来た。

「いやー、参りましたよ。電話で話してみて感じたんですが、あの校長先生は、すごく受け身な方なんですね。何をそんなに守らなければならないのでしょうかね。南大沢には、まったく不利益なことはないいんですけどね。私もその辺りのことは、よく説明したし、南大沢の教育の成果を大いにアピールできることも伝えたんですけどね。命といじめは重いの一点張りで。仕方ないので少しテーマを変えてみます。今度は、私が学校に行きますよ。先生にご迷惑掛けても申し訳ないので。しかし、先生も大変ですね」

剛は、我々がそのような話をしていることなど知る由もない。自分が取材を受けてテレビに出ることを楽しみにしているのだ。その目標ができたことで、暴れることも少なくなっていた。私とのキャッチボールも気合いが入ってきて、球速も増してきた。剛には、非常に良い効果が現れていた。

剛の両親も取材については、本人の意志を尊重してくれた。

私は、この取材を通して、剛に大きな夢と希望を持たせたいと考えていた。今まで、不幸なことばかりで、陽の当たることが少なかった剛にやっと巡ってきたチャンスだ。僅か二か月ちょっと学校に来ただけだが、今まで不登校で苦しんできた剛には、毎日が大きな壁との戦いであり、その壁を毎日懸命に乗り越えてきた。そして今、やっと明かりが見えてきた。私は、その明かりをさらに広げてあげたかった。

一週間後、武蔵氏が来校した。

校長室にはB校長、Y副校長、武蔵氏、そして私の四名がソファーに座った。

最初に武蔵氏が口火を切った。

「校長先生、企画書に書いてある通り、テーマを変更してきました。簡潔に〝いじめを乗り越えて〟にしました。これで如何でしょうか」

またB校長は、渋い顔だ。

「武蔵さんねえ。あなた私が電話で言ったことが分かってないですよね」

「テーマが重いと」

「そうなんだよ。いじめがテーマに書いてあると重いんだよ」

「重いとは。誰が重いのですか、校長先生が重いのですか」

武蔵氏も少し語気を荒げてきた。

「いや、世の中がいじめということに過敏に反応するんだよ」

「そういう風に特に学校内で過敏に反応しすぎて、いじめのあったことを隠蔽したりする学校が増えているのですよ。第一、何度も言っているように、この学校でいじめがあったことの取材ではないんですよ。立ち直った姿を取材するんですよ」

「でも、藤木君は、ただ重度重複学級にいて、好きなソフトボールがあったから、良かっただけじゃないのかね」

「そこで、この久保田先生に出会ったんですよ、校長先生。このたまたまの出会いが剛君には良かったんですよ。そのたまたまが彼の居場所を作ったんですよ。そこをいじめで苦しんでいる人たちに伝えたいんですよ。みんな自分の居場所が無くて苦しんでいるんですから」

「でも、教室では、特に何もやってないよなあ」

私は、このB校長の一言にカチンときた。

「いいえ、校長は、ご存じないかもしれませんが、毎日、毎日、藤木とは何度も話し合い、カウンセリング的な指導もしています。中学校から不登校の生徒が、クラスで他の友だちと関わりを持つのは、精神的にも大変なことですから、十分なケアが必要なんですよ」

「でも、藤木は、中学校は不登校ではないよね」

「えっ」

私は、B校長の言っている意味が分からなかった。

「出席日数は、かなりあるぞ。あの数字では、不登校とはいえない」

「あの、中学は、全て保健室登校ですよ」

「いや、中学からの調書には、出席日数にカウントされているんだよ」

「校長先生。保健室登校と今のようにクラスにいて、他の生徒たちと交流しているのとは、明らかに違いますよね」

　武蔵氏が少し呆れて言った。

「いや、数字上は出席しているんだよ。不登校ではないんだ」

「それは数字だけのことでしょう。校長先生、あなたも教育者なら、もっと生徒の中身をみて話をしてください」

　武蔵氏は一段と語気を強めた。

「ただ、いずれにしても私はこのテーマでは落ちない（納得しない）。副校長、いじめに変わる用語は何かないか」

　急に話を振られたＹ副校長は、慌てて立ち上がり、校長室の書棚にある国語辞典を取りに行き、ページを捲《めく》っている。いじめに変わる用語なんてないのに…

　業を煮やした武蔵氏は、その場で立ち上がり、校長に向かって強く言った。

「校長先生、もう了解してくださいよ。この中でご理解していないのは、校長先生だけなんですよ」

　Ｙ副校長は、ばつの悪い表情をしている。

「いや、これでは、私は落ちない」

「校長、別にうちの学校内のいじめの取材ではないので、教育委員会も文句は言わないと思いますよ」

　私は、ずばり切り込んだ。そしてさらに続けた。

「藤木は、今回の取材を凄く楽しみにしています。取材してもらってテレビに出て有名になりたいと。さらに、自分と同じような障害を抱えている人の役に立ちたいと、意欲を持っているんですよ。あいつに初めてスポットが当たるんです。校長も応援してあげてください」

「久保田君は、教育委員会にいたことがないから分からないんだ！」

突然、校長が血相を変えて怒鳴った。

いじめという文言が付く報道は、何とか避けて、教育委員会に余計な誤解を与えたくないというのが、Ｂ校長の本音だろう。そんなＢ校長も辛い立場のはずだ。

私は、心の中で叫んだ。校長、剛のために何とかしてくれと。

さらに、校長室での話し合いは続いたが、一向に埒《らち》が明かない。

ついに、話し合いが四時間を超えた頃、私は、責任分担を明確にする提案をした。

剛がいじめや自殺未遂のことを話す内容については、剛の両親と剛の住んでいる施設の責任で行う。撮影場所も剛の施設内の自室とする。そして、日常の剛の学校生活やソフトボールの活動は、学校の責任、つまり校長の責任で行う。

要は、教育委員会に指摘されそうな所は、他に責任を回避して、問題にならない所は、校長の責任としたのだ。そして、テーマにあったいじめの文言は、副題に回した。

この提案は、もちろん私の本意ではなかったが仕方ない。私は、何よりも撮影を楽しみにしている剛の意欲を削ぎたくなかった。

　私の提案にやっとB校長も納得してくれた。

　十一月の中旬の土曜日。初冬の冷たい北風が神奈川県の中部にあるソフトボール会場に容赦なく吹き抜けた。この日、南大沢学園養護学校のソフトボールチームは、知的障害者の各県の選抜チームが出場するソフトボール大会に養護学校の単独チームとして参加していた。広大な人工芝の会場には、ホームから七十メートルの位置に外野フェンスも設置されていた。この会場は、何年か前に神奈川国体のソフトボール会場となったそうだ。

　この日から報道スタジアムの撮影がスタートした。私たちが朝八時に会場に到着すると、既に武蔵氏を筆頭にカメラマンや音声の方が会場に到着しており、我々を迎えてくれた。

　剛は、武蔵氏と屈託のない笑顔で挨拶した。

「武蔵さん、俺、今日でかいホームランを打つから、しっかり撮ってくださいよ」

「おー、分かったよ。剛君、やる気満々だな」

「そりゃそうですよ、武蔵さん。俺、こんなにいい気分で試合に来たことないっすから」

　剛は、YBCの練習に参加して激怒して以来、暴力を奮ったり、勝手に帰ることがほとんどなくなっていた。ちょっとしたことで苛つくことはしょっちゅうだったが、苛つくと一人で教室に戻り、小田和正のＣＤを聴きながら、心が落ち着くまでじっと耐えるようになった。だが、ただ一回だけ、ちょっとした誤解から剛が爆発して、仲良しの飯岡に膝蹴りを見舞わしたことがあった。ちょうどその日に私は出張しており、出先に剛から電話が掛かってきた。

「先生、俺、とんでもないことをしてしまった。もう撮影してもらえない」

「何だ、どうした？」

「飯岡を蹴った」

「何で？」

「俺がいけない。飯岡が俺を無視して勝手に帰ろうとしているのかと思って、苛ついた。本当はそうじゃなかったんだけど」

「で、飯岡の怪我は？」

「目の下が少し腫れた」

「おまえ、顔、蹴ったのか？」

「そう」

「バカヤロウ！」

「もう、撮影はしてもらえないよね」

「おまえ、そんなことより今、何をしなければいけないのか考えろ」

「飯岡に謝る」

「先生に電話している暇があったら早く謝って来い！」

私は、一方的に電話を切った。

そして、その日の夜、再び剛から電話が掛かってきた。

「先生、俺、初めて本当の友達ができたよ！　さっき、飯岡に電話したんだ。それで謝った。もう飯岡は俺のことが嫌いになったかと思ったんだけど、あいつ、剛君、明日は、一緒に帰ろうねって言ってくれたんだよ。俺、嬉しくてさ。で、飯岡が俺の家で遊ぼうだって」

「そうか良かったな」

「俺、飯岡と話していて泣いちゃったよ。あんないいやついないよ、先生」

「そうか。飯岡のこと、大事にしなきゃいかんぞ」

「はい。明日が楽しみだ、先生！」

剛は、一歩ずつ成長していた。


ソフトボール会場には、千葉から駆けつけた剛の両親とお世話になった千葉県立〇〇養護学校の二人の養護教諭がスタンドから見守っていた。

第一試合、四番の剛がバッターボックスに入った。相手は茨城選抜チームのエースピッチャーだ。武蔵氏がカメラマンに声を掛けた。

「剛君にしっかり焦点を当てろよ」

「了解」

カメラマンがベンチ横から身を乗り出して、剛にレンズを向けた。

ボールカウント、ワンストライク、ツーボールからの四球目。剛は、真ん中高めのストレートを強振した。

「いったー」

ベンチ内で誰かが叫んだ。

剛の放った打球は、七十メートル先の外野フェンスを軽々と越えていく。

「やったー、剛君！」

次打者の飯岡がネクストバッターサークルで飛び上がって喜んでいる。そして、ランナーに出ていた菊山と田池が先にホームインして、剛を迎えた。

「やったー、剛、ナイスバッティング！」

菊山は、両手を上げ、大きなガッツポーツをしている。

剛が三塁ベースを回った。一塁ベンチにいた私の目に剛の満面の笑顔が飛び込んできた。そして、剛は、一塁側スタンドにいる両親や養護教諭に右手の拳を高々と突き出した。

「父さん、母さん、先生、俺、やったよ！」

カメラマンがホームベース付近まで入ってきてしまった。主審が慌てて制止したが、必死にレンズを剛に向けている。

ホームインした剛を菊山と田池がハイタッチで迎えた。そこに飯岡も近づいてくる。

その四人が、笑顔の一団となってベンチにいる私の方に向かってきた。その中から剛が一歩前に出て、私にハイタッチを要求した。

「ナイスバッティング！」

私は、大きな声を掛け、剛の手を勢いよく叩いた。

剛は、そのままベンチ内の全選手とハイタッチを交わし、最後にベンチ横に立っていた武蔵氏に近づいた。

「ほらね、武蔵さん。俺、打ったでしょう。ちゃんと撮ってくれましたか？」

「おう。剛君。ナイスバッティング！ばっちり撮ったぞ！」

そう言った武蔵氏は、剛がベンチに戻った後、眼鏡を外し、ハンカチで目頭を拭っていた。

大会は、惜しくも東京都代表チームに敗れ、三位となった。

すべての試合が終了し、閉会式を終えて、生徒と一緒にグラウンドを後にしていると、背後から声が掛かった。

「先生」

振り返ると、剛の両親が立っていた。

「今日は、どうもありがとうございました。剛の活躍が見られて本当に良かったです。私も剛の頑張っている姿を見て、感動しました」

父親が目を潤ませながら話した。隣の母親は、ハンカチを目に当て、号泣している。

「いやー、わざわざ千葉から足を運んでいただいて、申し訳ありません。でも剛君の活躍を見てもらえたので良かったですよ」

「先生、あの子が今日まで一日も休まないで学校に行けたのは、奇跡なんです。さらに今日みたいなソフトボールの試合で活躍できるなんて。今までのことを思うと、本当に信じられません。先生のご指導の賜です。感謝の気持ちでいっぱいです」

両親は、大粒の涙を流しながら、私に向かって深々と頭を下げた。

「いやいや、お父さん、お母さん。どうぞ、頭を上げてください。私なんて別に大したことはしていませんよ。たまたま、剛君が野球好きな、いや野球に狂っている教師のいる学校に来ただけですよ。野球が剛君を蘇らせたのですよ」


二学期終業式の日。

剛は、今日で南大沢学園養護学校を去ることになった。両親が以前から申し込んでいた東北地方の施設に急遽空きが出て、剛が入所することになったのだ。

私は、終業式の後、剛と最後のキャッチボールをした。

「先生、俺のボール、もう百二十キロぐらい出てるかな？」

剛が、大きな声で聞いてきた。

「じゃあ、スピードガンで計ってみようか？」

私は、笑いながら言った。

「いやあ、止めとくよ先生。また、暴れると先生が困るでしょう」

「おまえもいいことを言うようになったな。これも先生のご指導の賜だ。ガハハハ」

「はい、はい。先生、一人で笑ってないで俺のボールちゃんと受けてくださいよ。いきますよ！」

バシッ！

私のミットに剛の強烈なストレートが突き刺さった。

夕方、剛が迎えに来た施設の車に乗り込もうとした時、私は最後に声を掛けた。

「なあ」

「はい」

剛は、後部座席に座りながら返事をした。ドアは開いたままだ。

「おまえ、急に新たな施設行きが決まって、ここを去るのが嫌でかなり暴れるかと思ったが、結構平気だったな」

「うん。父さんと母さんからその話を聞いたときは、少し落ち込んだけどさ。でもね、先生。俺、初めてなんだよ」

「何が?」

「施設や学校を追い出されなかったこと。今までは、いつも暴力をして、そこにいられなくなったからね」

「そうか。おまえも成長したな。ちょっとだけど」

「何だ、ちょっとか。でも、先生、短い間だったけど、ありがとうございました」

「おう。またな」

剛は、後部座席のドアを勢いよく閉めた。そして、車がゆっくりと走り出す。剛は、リアウィンドウに顔を近づけて、満面の笑顔で手を振っている。

その車内には、小田和正の曲は流れていなかった。

藤木剛
平成十八年　九月一日　都立南大沢学園養護学校に編入

十二月二十五日　○○施設へ入所のため同校を退学
授業日数　七十七日
出席日数　七十七日
遅　　刻　七十七回
欠席日数　０　日
欠席日数0、これが私の養護学校教師二十年目の小さな勲章であり、ささやかな誇りでもあった。

手紙

久保田先生へ

元気ですか？　俺は、○○施設に入って、やっぱり一番の問題は、人間関係でつまずいてしまうことです。二、三回切れて、暴れてしまい、施設長にこのままだと警察を呼ぶぞと言われてしまいました。でも、今はなれてきて、うまくやっています。

イライラしても悩んでも「死にたい」とは言わなくなり、気分もいいです。

ここに来て、正直後悔している。まず一つ、テレビに出たかった。今でも凄く出たいよ。

やっぱり自分みたいなのが出たら、同じ障害をもった人たちが、もしかしたら共感してもらえたかもしれない。

自分には、過去、小学~中学の間、野球をやってシニアリーグのスカウトからも目を付けられていた。もしかしたら才能があったのかもしれない。でも、今は違う。昔から自分でトレーニングをしたこともない。全部、親とか周りの人にやれと言われてやってきた。人にやらされているだけだった。

でも、南大沢に来て、少しだけどそんな自分が変われた気がする。学校の行事や授業にはまったく出る気が起きなかった。でも、久保田先生と出会えて、先生のクラスで野球の本を繰り返して読んで、鏡の前で投球フォームを繰り返した。

一言で表現すると「野球が好き」「ピッチャーに異常にこだわりをもっている」それしか言いようがない。なのに先生とピッチング練習をしているとイライラしてきた。

「俺って、昔、こんなだったっけ、もっと速かったよな」

それを思うと納得できなくてさ。だから、すぐに切れていたんだ。今思うと。

俺、親に伝えた。もう一度、野球やらせてほしい。もう一度チャレンジしたい。だから、この施設を出たら、YBCのトライアウトを受けに行かせてほしいとお願いした。

父は、今のままでは、無理なのは分かっているよな。体をきたえてちゃんとトレーニングしろって。母は、これから施設でも野球でもがんばるんだったら協力するし、応援すると言った。

野球に対する自分の気持ちが固まった。先生、俺、本気で野球に取り組む。やっぱりピッチャーは孤独。常に平常心でいなければならない。いつここの施設を出られるか分からない。もしかしたら、二年〜三年かかるかも。でも、自分は、今の時点では、施設を出る気はない。今、施設を出て働きたい、なんて言っても働ける訳がない。今、YBCで野球がしたいと言っても、できる訳がない。仕事にしろ、野球にしろ、体力がない。続ける精神力もないから、この施設で仕事と野球ができるように、ちゃんと体力と精神力をしっかりつけて東京に帰ってきます。

ちなみに、今の体重は、九十七キロ、身長は、今朝の時点で百八十四センチ。好きな人もできて、エロ話しもたくさんできて、最高っす！

あと、卒業式の日に、そっちに行きますんで、周りのみんなには、ないしょでお願いしますよ。先生！

藤木　剛

野球の神様は、野球を愛する人をいつも見守ってくれるはずだ。

あとがき

最近、職員室が暗い。

私が教師になった頃は職員室で教師同士の話が盛り上がり、大きな笑い声がよく起こった。その話の種は、ほとんどが生徒のことだった。

「○○がさあ、△△しちゃってね、笑っちゃったよ」

「そうそう、それでね、それを見ていた○○がさ、それを真似してね。またまた大笑い」

それが今では、ほとんどの教師が自分の机上にあるパソコンと睨めっこだ。その画面の中に資料として生徒がいる。教師はキーボードを叩き、マウスを動かして、その生徒の指導目標を立てたりする。そして、隣にいる教師に話しかける。

「この画面を見て、この子の目標の変更とかあったら直してください。私のデータをコピーしていいですよ」

「分かりました」

そして、その生徒のデータが隣にいる教師のパソコンにコピーされていった。

最近の職員室は、こんなやり取りばかりだ。おまけに他の提出書類やあまり生徒指導に関係のない雑務雑多も多くなっており、パソコンと睨めっこしている時間が増えるばかりである。疲れきった教師たちからは笑顔も消えてしまう。

「時代が違うから」と言う人も多い。

そうだろうか。

教師が学校で生徒と出会い、教師は生徒に教室やグラウンドで教える。教師もその出会いの中で生徒から学び成長する。そこは、フェイス・トゥー・フェイスが基本である。このことは、どの時代でも同じはずだ。

私が思うに、より多くの時間を生徒と接し、生徒の中に入り込んでいる教師は、それぞれの生徒の話題も豊富である。生徒の身振りや口癖をうまく真似ることができる教師もいる。生徒と多くの時間触れ合い、生徒の特徴をよく捉えながら観察している証拠だ。そんな教師の話はとても面白いし、職員室の雰囲気も明るく、楽しく盛り上がる。

そのような生徒との触れ合いから教師としての観察眼を磨くことは、教師という職業がある以上、不変でなければならない。

だが、残念ながら、今の時代は、多くの教師が変容してしまった。

何か心に悩みのある生徒が職員室に来た。先生に少しでもいいから話を聞いてもらいたいと、職員室ドアの小窓から覗く。そこには、先生がみんなパソコンに向かって睨めっこしている姿があった。その生徒はすぐに踵を返して自分の教室に戻ってしまった。

これではいけない。

もっと、もっと、教師を元気にして、雰囲気をよくしないと、生徒との距離がどんどん離れてしまう。

その象徴として、最近は生徒からあだ名で呼ばれる教師も激減してしまった。これは、教師の個性がなくなり、生徒から親しみをもたれなくなったからだと思う。現在の教育がいろいろとマニュアル化されてしまい、そのことが教師の没個性化につながっているのかもしれない。

私は現在、都立葛飾特別支援学校で八人の生徒を担任している。よく問題を起こしてくれる生徒もいるが、それぞれの生徒がとても個性豊かで面白い。そして、週末に活動しているYBCフェニーズの硬式野球チーム。私は、この四月に助監督に就任した。選手は約三〇人である。こちらも選手個々にいろいろとある。監督の谷沢健一もいつも頭を悩ましている。でも、みんな心から野球を愛している選手ばかりだ。

私は、特別支援学校や週末の野球指導を通してつくづく思う。

教育の本質は同じなのだと。

そこには、障害者や健常者なんて関係ない。大切なのは指導者がいかに生徒や選手と同じ目線に立って、フェイス・トゥー・フェイスで心を開いて会話をし、生徒や選手の悩みを引き出して、その人に応じた対応ができるかだ。その対応の仕方をそれぞれの人に合うように指導者は考えていけばよい。その時に杓子定規に対応すると、まずうまくいかない。生徒や選手はとても敏感で指導者との距離が離れてしまう。

私は、この約二十年の間にさまざまな生徒のケースにぶつかり、その度に試行錯誤を繰り返してきた。自分勝手な思いが先行してしまい、周りの教師とぎくしゃくしたこともあった。だが、その都度、打開策を見つけながら対応し、生徒指導にも反映させてきた。そして、やっと、一人一人をしっかり見つめて指導していくことの大切さが分かってきたところだ。

また、この間、野球、ソフトボール、ティーボールを通して、学校関係者以外の人たちと接してきたことも私にプラスになった。いろいろなことを多角的に見ることができ、視野が広まったことも、生徒指導に生かすことができたと思う。

教師になりたての頃、養護学校では野球ができないと挫けそうになったが、決して諦めることなく養護学校（特別支援学校）で教師を続けてきてよかった。それは、野球の神様が私にたくさんの宝物をくれたからだ。

私は、これからも一教師として、その宝物を大切にしながら、常に現場ありきで実践を積み上げていきたいと考えている。また、教師間の明るい雰囲気作りにも積極的に努めていきたい。そして「教師って、本当は楽しい仕事だよ」ということを改めて伝えたい。そのことは、これから教師を目指す人、また現場で育っていく若手教師が生き生きとした魅力ある「先生」に育っていくための一助にもつながるはずだからだ。

拙書の題名及び文中の表記に「養護学校」という呼び名を使用した。現在、都立学校では、特別支援学校と呼んでいるが、私が教師になってから、約二十年間養護学校に勤務していたこと、また、一般的にもまだ養護学校という呼び名の方が浸透していることをふまえて「養護学校」を多く使用したことを了解していただきたい。

読者の方には、私の拙い文章に最後までお付き合いくださり、心から感謝しています。ありがとうございました。また、最後に本書の出版のきっかけを作っていただいた早稲田大学の前橋明教授、そして、私の支えとなり、さまざまなアドバイスをしてくれた大学教育出版の佐藤宏計氏をはじめとする編集部の皆様に厚く御礼を申し上げます。

二〇〇九年四月

久保田　浩司

■著者紹介

久保田　浩司　（くぼた　ひろし）

1966年1月　東京都八王子市生まれ
1988年3月　日本体育大学体育学部体育学科卒業（硬式野球部所属）
1988年4月　都立府中養護学校 教諭
1991年4月　都立府中朝日養護学校 教諭
1996年4月　都立南大沢学園養護学校 教諭
2007年4月　都立葛飾養護学校（2008年4月都立葛飾特別支援学校に改称）現在に至る

知的障害のある生徒指導一筋に22年目を迎える。
NPO法人　日本ティーボール協会 常務理事
NPO法人　谷沢野球コミュニティ千葉 理事
硬式野球クラブチーム　YBCフェニーズのコーチを経て
2009年4月、助監督に就任
「ティーボールにおけるバリアフリーの可能性」（日本スポーツ方法学会第9回大会）
「知的障害養護学校生徒のスポーツ指導に関する研究」（東京都研究）

受賞暦
2004年　第1回読売プルデンシャル福祉文化賞 奨励賞
2005年　第2回学事出版教育文化賞 優秀賞

主な著者
『磨けば光る子どもたち』（文芸社　2001年）

養護学校では野球ができない
—それが私の教師人生のスタートだった—

2009年6月10日　初版第1刷発行

■著　　者——久保田浩司
■発 行 者——佐藤　守
■発 行 所——株式会社 **大学教育出版**
〒700-0953　岡山市南区西市855-4
電話（086）244-1268　FAX（086）246-0294
■印刷製本——サンコー印刷㈱
■装　　丁——ティーボーンデザイン事務所

ISBN978－4－88730－925－8